홍도는 잘 있느냐

홍도는 잘 있느냐

초판 1쇄 인쇄 2021년 06월 21일
초판 1쇄 발행 2021년 06월 28일

글·그림 이필형
발행인 황정필

책임편집 이서정
편집 박선영 한석란 박소민
디자인 오선아
마케팅 황정필
관리·제작 김신기 정지수

발행처 실크로드
출판등록 제406-251002010000035호
주소 경기도 파주시 문발로 214-12
전화 031-955-6333~4 | **팩스** 031-955-6335
이메일 silkroad6333@hanmail.net

ISBN 978-89-94893-43-3 (03800)

책값은 책표지 뒤에 있습니다.

홍도는 잘 있느냐

홍준표, 당신이 모르는 이야기

이필형 글·그림

실크로드
silkroad

Prologue

2017년 5월, 끝이 아니라 시작이었다

제19대 대선 패배 다음 날 JP('홍준표'를 'JP'이니셜로 쓰겠다)의 집으로 찾아갔다. 막상 집 앞까지는 왔는데 평소와 달리 쉽게 들어가기가 어려웠다. 수행 비서에게 전화했다. 아침 일찍 큰 아들과 함께 동네 목욕탕에 갔다고 했다.

집 주변을 서성거렸다. 5월, 좋은 햇살이 내리쬐는 사이로 '홍찍자' 현수막이 바람에 흔들렸다. 그저께 밤 전국 대장정의 마지막 서울 유세의 함성이 아직도 먹먹하게 울렸다.

오기는 왔는데 막상 어떤 말을 해야 할지 알 수 없었다. 집에서 출발할 때는 하고 싶은 이야기가 많았는데.

「……햇볕도 그늘이 있어야 맑고 눈이 부시다. 나무 그늘에 앉아 나뭇잎 사이로 반짝이는 햇살을 바라보면 세상은 그 얼마나 아름다운가…… 정호승의 시 '내가 사랑하는 사람' 中」

시 한 구절이 떠올랐다. 서성이던 걸음을 멈추고 나무 그늘에 앉아 가만히 세상을 바라보았다. 얼마나 시간이 지났을까. 머리를 부스스하게 말린 JP가 개운한 표정으로 나타났다. 나를 보더니 같이 오던 아들을 먼저 들여보내고 나란히 의자에 앉았다.

"목욕 갔다 왔다. 아무 생각이 없다. 이렇게 맑아질 수가 없다. 한바탕 꿈처럼 지나갔다."

선거 막판까지 지칠 줄 몰랐던 카랑카랑한 목소리도 평온해져 있었다. 태연자약하게 앉은 모습이 편안하고 여유로웠다.

"그래도 우리 당은 살렸다. 다행이다."

삶의 여백이 느껴졌다. 묻고 싶은 것이 많았으나 말이 필요한 순간은 아니었다.

"목욕탕 가서 인사 많이 받았다. 사람들과 그 짧은 시간에 깊이 있는 이야기들을 주고받았어. 이 동네 사는 게 자랑스럽다고 한 분도 있었어."

JP는 입가에 웃음을 걸고 있었다.

"그동안 고생했다. 또 준비해 보자. 그 전에 당분간 작은아들이나 보러 가야겠다."

JP가 자리에서 일어나며 말했다. JP는 선거운동 기간과 겹쳐 작은 아들 결혼식조차 참석하지 못했다. 그 작은아들을 보러 간다고 하니 더 할 말도 없었다.

"최선을 다했다. 이루지 못한 것을 자책할 필요는 없다. 삶의 무대는 열심히 한다고 다 이루지 못한다. 여기까지 인정하고 일어서자."

JP는 평소에 하던 얘기와 다름없는 말을 남기고 총총히 아파트 입구로 향했다. JP의 뒷모습을 보면서 나도 그와 같은 방향을 보고 있는가를 되물었다.

2017년 5월 10일의 기억이다.

***

2013년 12월, 전화가 울렸다. 당시 JP 측근의 연락이었다.

"연초에 지사님 서울 올라오시는데 점심 같이하시면 어떠시겠습니까?"

당시 나는 인생을 바쳐 일했던 공직생활을 막 마무리하던 참이었다. 아니, 계급정년에 걸려 명예퇴직이라는 불명예를 안고 실직했다.

회사에서 완전히 짐을 빼야 하는 날짜를 일주일 앞두고 있었다. 마지막의 마지막까지 승진의 기대를 버리지 못하고 있었던 내게 날벼락처럼 날아온 실직은 단순히 일자리를 잃는 것에서 끝나는 것이 아니었다. 그동안의 삶이 부정당하는 것 같았고 갈 길을 잃어

막막해졌다. 지인들의 연락도 뜸해졌다.

무엇보다 내일 아침 힘차게 문을 열고 들어갈 곳이 사라졌다. 앉을 책상이 사라지는 것은 마치 낭떠러지를 앞에 두고 있는 것과 같았다. 방만 안 뺐을 뿐이었다. 나는 반백의 백수였다. 그때 걸려온 전화 한 통이 한 줄기 빛처럼 느껴졌다.

식사 장소는 JP가 즐겨 찾는 잠실 근처 식당이었다. 식사를 두고 마주 앉았다. “신년이다!” 하면서 술 한 잔을 주었다. 돌려 말하는 법도 없는 직구가 날아왔다.

“아프냐? 내 초선 때 의원직 박탈당했을 때도 많이 아팠다.”

1999년의 얘기다. 그는 선거 사무장의 허위지출보고로 선거법 재판을 받았다. 대법원 판결을 하루 앞두고 그는 의연하게 의원직을 던졌다. 의원직 사퇴 후 서초동에 변호사 사무실을 냈다. 인사치레가 많지 않을까 싶어 일찍 방문했다. 내가 첫 방문객이었다.

“고맙다. 이렇게 찾아줘서. 회사생활 잘해라. 일할 수 있을 때 일해야 한다”라면서 오히려 나를 격려했다. 그리고 JP는 허허롭게 웃었다. 의원직을 떠난 것도 별것 아닌 것처럼 어깨만 한 번 으쓱했다. 앞으로 변호사를 하실 거냐고 물었더니, “기다려보자” 했던 기억이 새롭다.

술 한 잔을 더 받았다.

"마음 단단히 먹어라. 너는 이제 막 새가 알을 깨고 나온 거다. 정보기관이라는 온실에서 이제 진짜 세상이랑 부딪힐 거다. 세상 살면서 누구나 한번은 겪는 과정이다. 훌훌 털어버려라."

그는 공직에서 검찰로 일하다 반골로 찍혀 결국 사표를 냈다. 그도 이렇게 막막한 기분을 느꼈던 것일까? 검사를 그만두고 나와 가족을 지키려 정치판에 뛰어든 사람의 경험에서 우러난 위로가 쓰고도 달았다.

돌아보면 현재의 JP와 더 깊은 인연으로 엮이게 된 것은 그 순간부터가 아닐까 생각한다. 마음에 막연함의 무게를 돌덩이처럼 가슴에 얹고 있던 그때 함께 먹은 밥 한 끼가 힘이 됐다. 이 사람과 함께 가보면 어떤 곳에 닿을까, 궁금해졌다.

이 글은 2017년 5월 대선 이후 내가 지켜본 JP와의 시간을 의식의 흐름대로 엮어본 것이다. 직접 겪은 일이 대부분이지만 다른 이에게 전해 들은 이야기도 있으며 자신의 경험을 글로 엮어 함께 해준 분도 계시다. 응원해주고 자신의 이야기를 나누어 주어 고마운 마음을 글로써 전한다.

이 글을 보고 사람들은 흔히 알고 있는 '홍준표'와 다른 모습에 고개를 갸우뚱할 수도 있고, '역시나' 하는 부분도 있을 것이다. 개인적으로는 지난 4년을 정리하면서 '홍준표'라는 인물의 여러 모습을 새롭게 볼 수 있는 시간이 되었다.

이 책을 출판하는 데 편집과 교정에 결정적 도움을 준 김도연 실장님, 그리고 조언과 응원을 보내준 프리덤 코리아 포럼 가족들에게 감사드린다. 훌륭하고 신속하게 책을 내준 실크로드 편집진의 배려에 고마움을 전한다. 마지막으로 이 졸고를 선택해 읽어주신 분들께도 진심으로 감사를 드린다.

2021. 5.
이필형

CONTENTS

우리 숨지 맙시다,
부끄러워하지도 맙시다

19대 대선이 끝나고 JP는 잠시 한국을 떠나 있기로 하였다.
출국 전 몇몇 측근들과 식사 자리를 가졌다.
JP는 특유의 입담으로 소회를 피력하였다.

"시련은 우리에게 상처를 준다.
사람은 상처를 통해 성장한다.
상처로부터 자유로울 사람은 없다"면서
자신의 인생 스토리를 덧붙였다.

다시 변방에서 중심을 꿈꾸다

"7살 때 고향을 떠나 50여 년을 타향에서 떠돌았다. 고향을 떠난 이후 한 번도 순탄한 삶을 살아보지 못했다. 늘 그랬다. 창녕, 대구, 합천, 울산, 서울에서 가난에 찌들리며 변방에서 맴돌았다. 그 기나긴 세월 동안 넘어지고 깨어졌으나 다시 일어서서 여기까지 왔다. 하늘은 감당할 수 없는 시련은 주시지 않는다. 물고기가 살아있어야 물살을 타고 올라간다. 나도 그렇게 살겠다"고 익숙한 변방론을 의미심장하게 이야기했다.

JP의 변방론은 뿌리가 깊었다. 왜 그렇게 JP는 고집스럽게 변방을 강조할까? 아무리 생각해도 이제 JP는 중심 중에서도 중핵인데 왜 그럴까? 스스로 묻곤 했다. 이해하기가 어려운 화두 가운데 하나였다. JP는 자신의 상황이 변화되면 변방을 꺼내 들었다.

"다시 변방이다."

이렇게 자신의 좌표를 설정했다.

그것을 이해하려면 변방의 의미를 알아야 한다. 변방은 변두리라는 뜻도 있으나 역사적으로 보면 변방은 늘 새로운 시작이었다. 중심에서 변방은 새로운 땅이고, 변방에서 중앙은 언제나 높은 벽이자 목표지점이었다.

변방에서 멈추고 틀을 깨지 못하면 변방으로 남아 도태될 뿐이다. 이 변방을 깨지 못하고 새로운 영토를 찾지 못하면 역사의 주인공이 될 수 없다. 변방을 깨면 새로운 역사가 열렸다.

변방의 아메리카 대륙으로 이주한 백인 청교도가 세운 나라는 현재 세계의 중심이 되었다. 변방의 유목민이었던 칭기즈

칸은 만리장성을 넘어 중앙을 차지했다. 변방은 끊임없는 움직임이다. 새로운 영역을 찾아 나서는 대장정이다.

여기에 JP의 인생을 관통하는 또 하나의 단어가 있다. 바로 '꿈'이다. "아무리 어렵고 힘들어도 참고 견디며 낙관적으로 꿈을 가지고 즐겁게 사는 게 내 인생 목표다"라고 JP는 늘 말한다.

'변방'에서 '꿈'을 꾸는 삶. 유년 시절부터 현재까지 힘들었던 순간, 부끄럽고 후회되는 순간들이 있어도 그때마다 그는 '변방'에서 중심을 향한 '꿈'을 잃지 않았다.

JP의 글을 보면 '꿈'이라는 단어가 참 많이 나온다. 책 제목도 그렇다. 페이스북에 쓴 글을 엮은 『'꿈꾸는' 시리즈』 3권부터 일대기를 담은 『당랑의 꿈』까지. '꿈'은 그의 시련을 이겨내게 하는 자양분이었다.

변방에서 중심을 향한 꿈은 결국 현상을 깨고자 하는 JP의 치열한 삶의 현장이고 지향점이었다. 그를 통해 JP는 새로워질 수 있었다. 변방 의식은 JP가 성찰의 자세로 삶을 대하는 틀이 되었고, 꿈은 삶을 풍요롭게 하는 이상향이었다.

변방에서 중심을 꿈꾸는 JP를 이해하고 나서야 왜 그렇게 JP가 생명력이 강한가를 이해할 수 있었다. 언제나 내가 변방에 서 있다는 위기의식, 그래도 "나는 언제나 꿈을 꾼다"는 자세는 JP 삶의 역동적 기제였다.

나는 JP에게 몇 가지 질문을 하였다.

"그리 쉽게 정리하는 비결이 무엇입니까?"

그의 답은 간단했다.

"지나간 일은 지나간 일이다. 내가 어떻게 할 수 없는 것은 빨리 잊어야지."

답하는 JP는 대선이 지나도 한참은 지난 사람처럼 웃었다.

"이번에 쉬시면서 무엇을 하실 겁니까?"

내 질문에 JP의 웃음기가 사라지고 진지해졌다.

"처칠이다. 처칠의 리더십이 필요한 때다. 처칠을 공부해야겠다. '나라가 어디로 어떻게 가야 하는가?' 그 답을 찾아야겠다."

그렇게 답했다.

보수는 무엇을 할까?

"이번 대선에서 남는 건 있으셨습니까?"

JP는 잠시 뜸을 들였다.

"처음에는 막막했다. 내가 국민을 향해 '우리 숨지 맙시다. 부끄러워하지 맙시다!'를 외쳤을 때 세상에는 좋고 나쁨이 없었는데, 내가 좋다고 생각하자 좋게 보였고 나쁘게 생각하자 나쁘게 보였다. 생각이 그렇게 결정을 내려주더라. 그래서 좋게 생각하기로 했다."

대선 과정에서 그는 언제나 힘차게만 보였었다. 그런 그에게도 힘든 순간들이 있었던 모양이었다. 묵묵히 듣고 있자 그가 덧붙였다.

"이제 보수가 진정으로 다시 태어나야 한다. 한국의 보수는 산업화를 이룬 성과에도 불행한 역사를 맞이했다. 불행한 역사도 역사다. 끌어안고 극복해야 한다."

그의 표정에서 탄핵 대선을 넘긴 안도감이 스쳐 지나갔다. 대한민국의 한 축이 다시 일어설 수 있는 토대를 만들었다는 자부심이 묻어났다. 대선 이야기를 더는 꺼내지 않고 그는 또 미래를 향해 가고 있었다.

“이승만, 박정희, 김영삼 前 대통령의 업적이 보수의 궤적이다. 이 땅에서 보수는 첫 단추를 잘 꿰었으나 역사의 고비에서 넘어졌다. 보수가 다시 일어서려면 철학과 가치를 재정립해야 한다.”

87년 체제는 보수가 깨닫지 못한 문제해결 방식을 가져왔다. 그 사이 386세대가 성장했다. 주사파들은 새로운 시대정신을 내세워 새로운 패러다임으로 국정을 운영했다.

그러나 그들의 문제해결 방식은 DJ 정부와 노무현 정부를 거쳐오면서 그 한계를 극명하게 드러냈다. 그것을 JP는 하향평준화와 국민 편 가르기 방식이라고 명명했다.

보수도 가치를 재정립하고 나아갈 두 번의 기회가 있었다. 그러나 보수 정권에서 대통령이 된 이명박, 박근혜 정부는 보수의 가치를 다시 정립하려는 노력을 기울이지 않았다.

“그럼 보수가 뭘 해야겠습니까?”

“핵심은 끊어진 기회의 사다리를 복원하고 중산층을 재건하는 거다. 보수의 가치는 자유와 공정, 서민이다. 이를 기초로 정책을 발굴해보자.”

그 말을 남기고 JP는 한국을 잠시 떠났다.

보수, 부끄럽다

이쯤에서 대선을 되짚어보지 않을 수 없다. 대선 6개월 전까지 홍준표는 대선 지지율에서 거의 보이지 않는 존재였다. 기억하는 사람이 있을지 모르겠지만, JP가 대선판에 거론되기 시작한 것은 2017년 1월부터다. 2월에 접어들면서 정치권에서 지금 상황을 타개할 사람은 '홍준표'밖에 없다는 쪽으로 이야기가 흘러나오고 있었다. 마땅히 나설 후보가 없는 상황에서 말 그대로 구원투수를 바라는 것이었다.

JP는 탄핵의 전개 과정을 가늠해보았다. 법률적으로 판단해보면 있을 수 없는 상황이었다. 그러나 헌법재판소는 법적 판단보다는 정치적 판단을 하는 기관이었다. 탄핵은 불가피한 국면으로 넘어가고 있었다.

이 상황에서 JP 본인 재판도 새로운 국면을 맞이하고 있었다. 돈을 전달했다고 주장했던 윤모 씨가 의원회관에 들어오는 과정이 허구였음이 드러났다. 무죄 쪽으로 상황이 기울자 JP는 측근들에게 정국 전망과 함께 향후 어떤 행보를 해야 할 것인지 물었다.

참모들은 무죄 선고 예측에는 동의하면서도 정치참여는 회의적이었다. 아무리 무죄를 받는다고 해도 무리라고 생각하는 사람이 다수였다. 다들 이번 대선에 나선다는 의미를 명확히 알고 있었다. '탄핵의 제물'이라는 표현이 적절한지는 알 수 없다. 그러나 그 이외 더 나은 표현을 찾기도 힘들었다.

무엇보다 헌법재판소에서 '탄핵' 판결이 나왔을 경우 대선은 60일 안에 치러야 한다. 고작 두 달이다. 대선을 치를 준비가 되어있지 않았다.

다음 기회를 보자고 건의했다. 좌파 정권이 들어서면 경남을 기반으로 다음 기회를 기다리는 것이 맞다고 생각했다. 어차피 지방선거도 얼마 남지 않은 상황이었다. 의견을 모두 들은 후 JP는 '기다려보자'라고만 답했다. 기다림. 그래 기다림이었다.

2016년 겨울을 기억할 것이다.

촛불은 끝없이 이어지면서 대한민국의 시계를 멈추게 했다. 모든 것이 촛불에 묻혔다. 보수는 그 안에서 불타버렸다. 무능한 보수, 부끄러운 보수, 무력한 보수가 되었다.

보수라고 말하는 것 자체가 금기어처럼 여겨졌다. 대한민국에서 보수는 아무것도 아닌 존재가 됐다. 이제 보수는 없었다. 당분간은 끝없이 추락할 것이 뻔했다. 누구에게도 보수의 길을 물을 수 없게 됐다. 답해 줄 이도 없었다. 갈 길을 잃었다.

JP는 대한민국의 길을 스스로 물었다. 아무리 박근혜 前 대통령이 잘못했다고 해도 이건 아니라고 생각했다. 대한민국을 만들어가는 어떤 균형이 무너져가고 있는 것 같다는 말을 하기도 했다. 보수는 불타올랐다. 까맣게 재가 되었다. 보수에게 남은 것은 '부끄러움' 뿐이었다.

그때 아버지의 말을 떠올렸다고 했다. JP가 어린 시절 경남 합천에 살 때 집이 불타버린 일이 있었다. "집에 불이 나면 그 집은 불꽃처럼 일어난다"는 위로였다. 그 뒤로도 오랜 시간 힘든 삶을 살았지만 언젠가는 불꽃처럼 일어날 것이라는 희망이 그의 마음에 움튼 것 같았다. 불에 타서 재가 되어버린 보수도 불꽃처럼 다시 일어날 수 있을 것이라 여겼던 것일까?

2017년 2월 16일.

법원은 정치자금법 위반 혐의로 기소된 JP에게 무죄를 선고

했다. 핵심 증거라던 돈 전달자 윤모 씨의 진술에 신빙성이 없어 증거 부족으로 무죄가 선거됐다. 그를 옭아매던 족쇄가 풀렸다.

2월 말 당시 인명진 비대위에서 당원권 정지를 풀어주려는 움직임을 보였다. 당은 3월 12일에야 JP의 당원권 정지를 해제해주었다. 이어 3월 말 대선 후보를 확정하기로 했다. 5월 선거를 2달도 남겨놓지 않은 상황이었다.

보수 결집이냐, 중도 확장이냐

「천명을 받아야 할 순간이 오면 피할 수만은 없지요.」

JP가 2017년 3월 12일 페이스북에 쓴 글이다. 이 글을 보면서 당시 나는 "좋아, 나는 지옥으로 가겠어"라는 허클베리 핀의 말이 떠올랐다.

허클베리 핀은 이 말에 대하여 "그것은 끔찍스러운 생각이었고 무서운 말이었지만 벌써 입 밖으로 내뱉고 말았습니다. 그리고 나는 내뱉은 말을 취소하지 않고 그냥 그대로 내버려두었지요"라고 설명을 달았다.

허클베리 핀의 "좋아, 나는 지옥으로 가겠어!"의 절규는 모든 제약과 구속에서 벗어나 개인의 직관과 참다운 양심에 따라 행동할 것을 천명한 일종의 양심 선언서로 읽히고 있다.

사실 JP의 천명 발언은 너무 앞서나간 것이 아닌가 하는 생각도 들었다. 당시 JP는 성완종 사건 2심에서 무죄 선고를 받았으나 대법원 3심은 남겨둔 상태였다. 대선은 언감생심이라고 생각했다. 그러나 그 순간에 JP는 '천명'을 피하지 않겠다고 했다. 나로서는 상상할 수 없는 JP의 직관과 결단력이 함축된 순간이었다.

정국은 탄핵 촛불의 세상이었다. "이게 나라냐! 대한민국이 부끄럽다"는 외침이 끊이지 않았다. 대한민국은 끝없는 추락, 끝없는 수렁 속으로 빠져들었다. 보수는 궤멸 상태의 블랙홀에서 헤어나오지 못했다. 그래도 JP는 아수라판이라고 불리는 대선판에 스스로 들어갔다.

「이제, 우리 숨지 맙시다. 부끄러워하지도 맙시다. 대한민국에서 나라를 건국하고 산업화를 이루었으며 민주화를 이루었고, 이 나라를 선진강국으로 만들어갈 이 당이 나라의 중심이고 이 나라의 대표입니다. 모두 함께 부끄러워하지 맙시다.」

자유한국당 19대 대통령 후보 수락 연설의 마지막 장면은 두고두고 회자가 되었다. "숨지도 말고 부끄러워하지도 말자는 말이 몇 개월 동안 무너진 보수로서의 자존감을 위로했다"는 젊은 친구의 말이 아직도 생생하다.

19대 대선은 누구나 인정하듯 역대 어느 선거보다 승패가 일찍 판가름 난 선거였다. 선거 후 그가 회고했듯 질 것이 뻔한 선거에 뛰어들었다. 모든 것을 걸고 필사의 각오로 뛰어 보겠다고 호기롭게 외쳤으나 계산이 이미 끝난 전쟁이었다. 패전을 이끌어 갈 장수 이상도 이하도 아니었다.

단기필마로 뛰어든 선거였다. 당시 상황을 잘 이해시켜 줄 JP가 좋아하는 사자성어가 있다. JP와 함께하면서 수없이 들었다. '당랑거철螳螂拒轍'이다. 사마귀가 수레와 싸우는 결기를 의미한다. 한마디로 당랑거철의 형국이었다. 지지율 4%에서 시작한 전쟁이었다. 어느 전선을 통해 사면초가四面楚歌의 국면을 넘어설 것인가의 선택에 직면했다.

'보수 결집이냐, 중도 확장이냐?'의 논쟁은 '닭이 먼저냐, 달걀이 먼저냐?'의 논쟁만큼 치열했다. 따지고 보면 선택의 문제였고, 승리를 염두에 두지 않는다면 보수 규합과 재건이란 명제를 두고 고민할 필요도 없었다.

하지만 입 밖에 '패배'를 올릴 수는 없었다. 우선 쟁점이 된 것이 후보 단일화였다. 그러나 후보가 된 뒤 들여다본 당은 전열 정비가 먼저였다. 당의 역학 구도상 친박을 배제할 경우 선거는 사실상 어려웠다. "더는 친박은 없다!"는 선언을 통해 당 전열 정비가 선행됐다.

다음으로는 대구·경북의 정통성 싸움이 시작됐다. 바른정당을 배신자 정당으로 몰아붙이면서 대구·경북의 민심이 움직이기 시작했다. 물론 바른정당과의 후보 단일화는 물 건너간 이야기였다.

그러자 이번에는 안철수 후보 진영에서 국민의당 후보와의 단일화를 내세워 압박해왔다. 이때 JP는 국민의당을 민주당 2중대라 공격하고 박지원 상왕론으로 맞받아쳐 독자적 활동공간을 만들어냈다. 도저히 오를 것 같지 않던 지지율이 조금씩 상승 그래프를 그리기 시작했다.

JP는 선거 중반에 접어들면서 진가를 발휘하기 시작했다. 보수 지지층에게 시간이 갈수록 해볼 만하다는 생각을 들게 했다. 마침내 영남권에서 동남풍이 불어주고 있었다.

대선 국면을 새롭게 끌고 갈 교두보가 마련됐다. 대선이 끝난 후 JP도 "국민과 당을 위해 미력이나마 보탤 수 있어 좋았다"며 대선에 나오기를 잘했다고 이야기하곤 했다.

내가 약속했다

유세가 진행되면서 JP의 인생 역전이 담긴 스토리가 회자하기 시작했다. 마이크만 잡으면 특유의 입담으로 사람들을 모이게 했다. 사람들이 연설을 듣지 않으려고 할 때는 노래를 불렀다. '서산갯마을, 추풍령, 처녀 뱃사공, 대전 블루스…….' JP의 즉석 노래는 필사적인 몸부림이었다.

돌이켜보면 그 순간들은 역사의 현장이면서도 '인간 홍준표'의 모습이 잘 드러난 장면이었다.

그러나 우호적이지 않은 시선도 많았다. 특히 입만 열면 '막말'이라는 비판에 시달렸다. 물론 JP답게 정면돌파를 선택했다. "막말, 제 탓이 큽니다. 초선 시절부터 대여공격수로 저는 DJ 저격수였습니다. 노무현 前 대통령과 싸움도 마다치 않았습니다. 그 과정에서 '막말 프레임'이 씌워진 겁니다"고 해명 아닌 해명을 했다.

그러나 "장인어른에게 '영감탱이'라는 건 이해할 수 없다"는 비판도 따라왔다. 40년 전 결혼 허락을 받으러 갔을 때의 이야기를 허심탄회하게 이야기하다가 나온 영감탱이에 대한 비판이었다.

고시생이었던 JP가 인사하러 가자 장인은 귀한 딸을 데려가는 JP가 퍽 마음에 들지 않았던 모양이었다. 어느 아버지가 자식의 고생길을 응원하겠는가.

"자네가 무슨 고시를 통과하겠느냐? 뜬구름 잡는 놈이다, 엉뚱한 놈이다! 고시 합격하면 내 손에 장을 지진다!"

하며 JP를 무뢰배 취급했다고 한다.

부안수협조합장 출신의 반듯한 양반 눈에 JP가 어떻게 보였을지는 상상하기 어렵지 않다. 하도 자신을 잡아먹을 듯이 구니 장모에게 "영감탱이가 왜 저러나?"라며 되물었단다. 꼬장꼬장한 두 사람이 부딪혔으니 소리가 안 날 리가 없었다. 너무 솔직하게 그 얘기를 했던 게 잘못은 잘못일 것이다.

그러나 그 장인어른이 돌아가시기 전 병원에 입원해 있던

6개월, 손수 간병했던 것도 JP였다. 딸을 시집보내고 한시도 마음 편할 리 없었던 장인의 삶을 그쯤 되어서야 이해하게 됐다고 한다. 장인과 장모의 묘자리까지 JP는 소홀하지 않았다.

아직도 몸에 밴 사투리를 고치지 못한 경상도 사나이가 너무도 솔직하게 한마디했다가 막말 소리까지 들었다. JP에게 자신들의 마지막을 맡겼던 그의 장인, 장모가 그것을 보면 무엇이라고 할는지 모르겠다. 말꼬리 잡기로 이어지는 막말에 가려진 그의 진심이 아쉬운 대목이었다. 그렇게 시달리는 선거는 또 처음이었다.

선거운동 기간 화제의 정점은 양화대교 사법 고시생의 고공농성장 방문이었다. 이종배 씨는 사법고시 존치를 위해 삭발도 하고 단식투쟁도 해왔다. 심지어 문재인 후보의 자택까지 찾아가 사법고시를 존치해 달라고 호소했다고 했다.

그러나 누구도 자신을 돌아보지 않자 마침내 선거운동 기간 중 양화대교에 올라가 호소했다. 5월 4일 오후였다. 이종배 씨는 더불어민주당 문재인 후보를 애타게 찾으며 고시 존치를 외쳤다.

"저를 살릴 수 있는 분은 문재인 후보님밖에 없습니다. 살고 싶습니다!"라고 부르짖었다. 그러나 '사람이 먼저다'라던 문 후보는 구호가 무색하게 그를 외면했다.

당시 JP는 영등포 유세를 앞두고 있었다. 양화대교에서 사법시험 존치 고공농성이 벌어지고 있다는 보고를 받고, 바로 양화대교 쪽으로 향했다. 현장에 도착해 이종배 씨에게 전화했다.

"위험하니 내려와라, 내가 집권하면 사법시험을 존치할 테니 내려오라"고 JP는 몇 번이나 설득했다. 다음 일정인 영등포 유세에 늦었다. 기다리는 유권자와 표심을 생각하면 그도 좌불안석이었을 것이다. 그러나 JP의 스타일상 본인이 생각하는 일이 끝나지 않으면 현장을 떠나지 않는다.

"내가 약속했다. 내려오는 것을 보고 가겠다"고 했다.

이종배 씨는 마침내 고공시위를 끝냈다. 그리고 1시간 후인 오후 6시쯤 JP의 서울 신촌 거리 유세 현장에 나타났다. JP는 이 씨와 연단에 나란히 섰다.

당시 언론에서도 '선거유세를 미루고 양화대교로 달려간 홍준표'라며 미담으로 다루었다. 선거유세를 시작한 이래 모처럼 긍정적인 기사였다. 무슨 말만 하면 '막말'로 시달릴 때였다.

JP의 생각은 명확했다. "로스쿨 제도를 고쳐서 '음서제'가 안 되도록 만들 것이다. 고시는 천 년의 역사를 가진 인재 선발 제도다. 천 년을 이어온 이유가 있다. 고시가 사라지면 음서제로 변질한 로스쿨만 남는다. 부를 넘어 신분까지 세습된다. 사법고시, 행정고시 등 다 존치할 것이다"라고 했다. 이 생각은 지금까지 변함이 없다.

JP의 말처럼 천 년을 이어온 과거 제도는 열심히 노력하면 성공할 수 있다는 기회의 사다리가 되어왔다. 그것이 현대에 이르러 고시의 형태가 되었다.

가난한 집에서 태어나도 본인의 노력 여하에 따라 기회를 얻을 수 있는 유일한 시험이 없어지면 안 된다는 것이 그가 생각하는 '공정'이었다. 그는 공정의 수혜를 누렸기 때문에 지금의 자리에 있다고 생각했다. 그러므로 다음 세대에게도 당연히 보전해 줘야 마땅하다고 여겼다.

안 변해서 좋은 것

W 변호사는 몇 차례 고시에 떨어졌다. 더는 여력이 없었다. 마침 그해 사법시험에 앞서 실시한 법원 사무관 시험에 합격했다. 이제 진로를 틀어 사무관 임용을 앞두고 있었다.

W 변호사는 JP와 함께 학교 고시반 스터디그룹에서 사법고시를 준비하였다. 이때 JP는 유독 W 변호사에게만 "여기서 안주하면 영원히 후회할 거다. 이제 시험이 얼마 안 남았는데 용기를 잃지 말고 막판 스퍼트해봐라. 같이 하자"고 했다. 결국 그 말에 포기하지 않고, 고시에 딱 한 번만 더 도전하기로 했단다.

이후 W 변호사는 사법시험에 합격했다. JP의 독려와 격려 덕이라는 말을 지금도 한다.

사석에서 우리는 W 변호사와 JP는 전생에 인연이 있었던 것만 같다고 했다. 아무래도 W 변호사가 전생에 JP에게 빚을 많이 지고 있던 관계였던 것 같다며 농담을 하곤 했다.

고시반에 모여 공부를 하다 휴식 시간에 옹기종기 모여 대화를 나눴다고 한다. 그때도 JP는 이목을 집중시키는 입담으로 유명했다고 한다. 썰을 듣고 있으면 시간 가는 줄을 모른다고. 이후 W 변호사는 지금까지 40년 동안 JP와 인연을 이어오고 있다.

W 변호사는 대화를 나눌 때 상대방의 잘못이 있으면 상대를 가리지 않고 면전에서 잘못된 점을 지적하는 JP의 성정이 자신이 가지지 못한 성격이라 매료된 것이 아닌가 생각한다고 했다.

지금도 그런 성격으로 남들의 오해를 받지만 뒷담화하지 않고 잘못된 점을 곧바로 지적하여 시정하게 하는 올곧음을 가지고 있다고 40년 지기는 말한다.

지난 40년을 짚어보면 JP와의 인연으로 자신의 인생이 어마어마하게 변했다는 사실 하나는 알겠다고 한다. 사람과 함께 한다는 것은 우연이 아니라 운명이라는 사실을 깨닫는 시간이었다고.

W 변호사는 지금껏 살아오면서 JP가 어려울 때나 즐거울 때나 아무런 부담 없이 전화를 주는 사람이 본인이 되었다는 것을 매우 감사히 생각했다. 혹시 JP가 고민도 털어놓았느냐고 물으니, 곰곰이 생각했다.

"첫째 아들이 고등학교 때 머리에 노랑물을 들였을 때 전화가 왔지. '어쩌면 좋냐?' 하는데 어찌나 난감해 보이던지. 그때는 애들이 염색하면 부모들이 하늘이 무너질 때였잖아, 잘못된 길로 빠진다고 생각하고."

그 아들이 다 커서 군대 가면서 JP에게 염색한 것 혼낸 것을 사과해 달라고 했을 때도 전화가 왔단다. "우짤까?" 하는데, 웃어야 할지 울어야 할지.

W 변호사는 40년간 JP와 인연을 이어오면서 어느덧 인생의

동지가 되어버렸다. 세상이 JP를 정치인으로 보고 있으나 자신은 언제나 오래된 친구처럼 느껴진다고 한다.

그런데 최근 그도 느끼는 변화가 하나 있단다. 원래 JP는 무뚝뚝해서 기념일을 잘 챙기지 못하는 성격이었다. JP는 요즘 태어났으면 부인에게 소박맞았을지도 모른다.

W 변호사는 자신도 자기 생일을 모르고 지나쳤는데 JP가 기억했다며 집에 가보니 케이크와 생일 축하 화분이 도착해 있어 깜짝 놀랐단다. JP로부터 평생 처음 받아보는 생일 축하 화분이었다고 한다.

"그래도 변하지 않는 게 딱 하나 있어. 그게 참 좋아."

W 변호사가 말했다. 변화가 필요한 시점에 변하지 않아 좋은 점이라니?

"그게 뭔데요 형님?"

물으니 W 변호사가 넉넉하게 웃었다.

"입담. 사법고시 공부하다 힘들어서 바람을 쐬러 나가면 거기에 꼭 JP가 있어. 그때 엉덩이 붙이고 앉으면 시간이 그렇게 잘 가. 자신의 어린 시절부터 에피소드를 풀어놓는데, 그

스펙터클함이. 그런데 그건 어떻게 세월이 지나도 안 변해. 여전해. 입만 열면 사람을 홀려."

그것이 JP의 최대 매력이 아니겠는가. 나도 같이 웃었다.

그들도 두려웠으리라

대선을 치르면서 또 하나 놀라웠던 사실은 당의 움직임이었다. 나는 당시 당 관련 업무의 창구 역할을 했는데 당 사람들은 대선을 두고 매우 비관적이었다. 그들은 선거득표율 15%를 마의 벽으로 생각했다. 총력전을 펼쳐도 당의 미래는 암울한 상황이라고 여겼다.

유세 현장에서 후보는 목이 쉬고 발이 부르트도록 뛰었다. 그런데 당은 선거득표율이 마의 15%를 넘지 못할 것으로 예상하고 모든 선거 예산을 보수적으로 계산, 집행했다. 선거법상 15% 득표율을 넘지 못하면 선거 비용 보전을 받지 못하니 쓰는 비용을 최소화했다.

당의 모 부장은 "당이 먼저 살아야지요"라며 선거 비용을 아끼는 것을 합리화했다. "우리 퇴직금을 까먹을 순 없어요"라는 말엔 기가 찼다. 그렇다고 어찌할 수도 없었다. 헛웃음밖에 안 나왔다.

자당의 대통령이 탄핵까지 당했다. 보수의 사활이 걸린 선거였다. 중도를 표방한 안철수 후보가 선전하고 있었다. 어찌

보면 한국 보수는 퇴로가 없는 싸움을 벌이는 형국이었다. 보수가 사느냐 죽느냐의 정체성의 싸움이었고 한발만 물러서도 낭떠러지로 떨어질 상황이었다. 보수가 제대로 죽겠다는 각오로 싸워야 다시 딛고 일어설 수 있었다.

그런 판국에 당은 선거보전비용을 받지 못할까 걱정하고 있다니! 후보는 절박한데 주변은 강 건너 불구경이었다. 이런 상황을 후보에게 바로 알릴 수도 없는 노릇이었다. 눈치로 후보가 알아차린다고 해도 먼저 말해 기운 빼는 상황을 만들 수는 없었다.

전장에 나간 장수에게 보급품이 없다는 말을 할 수 있는 병참 부장이 어디 있으랴. 없으면 없는 대로 주먹구구로 선거를 해야 했다. 지금 돌아보면 기가 막힐 일이지만, 또 한편 이해 못 할 바가 아니었다. 그들도 두려웠을 것이었다.

당과 TV토론 관련 대책 회의도 엇박자였다. 당은 후보의 입장보다 당의 입장을 끊임없이 따르라고 요구했다. 회의 일정부터 정책까지 과거 대선 후보의 말에 일사불란하게 움직이던 시절과 달랐다. 후보가 인질처럼 붙잡힌 형국이었다. 부글부글하면서도 따를 수밖에 없었다. JP는 묵묵하게 당의 일정과 회의를 따라주었다.

어느 날 회의를 마치고 나오다 JP를 복도에서 마주쳤다. 고생 많다고 먼저 말을 거는 JP의 목소리가 지쳐있었다. JP는 토론이나 회의를 할 때 독특한 자신만의 스타일이 있다.

JP는 짧고 선명한 보고서를 선호한다. 연설이나 토론 때 이슈를 선정해 핵심을 토막토막 보고서로 정리해주면 그것을 자신의 언어로 만들었다. 필요한 주제어는 손수 수첩에 정리했다. 그것이 JP의 경험과 만나면 호소력이 높아진다. 그게 잘 되어야만 연설에서 진가를 발휘할 수 있었다. 그게 안 되다 보니 회의만 진행되면 JP는 힘들어했다.

당시 JP에게 전달된 당의 자료는 모든 이슈와 정책 과제들을 나열한 교과서식이었다. 일관성도 철학도 없었다. 그냥 모든 것을 집어넣은 백과사전이었다. 흔한 말로 '영혼'이 없었다. 그렇다고 완벽한 백과사전도 아니었다. 당에서 중앙선거관리위원회에 제출한 공약 중 교육공약은 아예 비어있었다.

당직자들과 선대위 위원들은 후보자의 태도를 지적했다. '고집이 세다, 자기 말만 앞세운다'라고 한 마디씩 보탰다. 한마음으로 하나의 목표로 가기란 그렇게 어려웠다. 불만이 있어도 당장은 후보에게 맞춰주던 과거의 당이 아니었다. 대선이 끝난 후 JP는 토론 준비 과정의 소회를 사석에서 말한 적이 있다.

"탄핵 사태 이후로 당이 죽었다. 보수가 궤멸했다. 어떻게 하나부터 열까지 초록은 동색이 되었는지 모르겠다. 큰일 났다."

알다시피 이후 당은 끝없이 추락했다.

정치의 금도

선거를 돕던 참모들의 속이 터질 일이 하나 있었다. 당시 문재인 후보의 아들 문준용 특혜 논란에 관한 일이었다. 문준용은 건국대 서울 캠퍼스를 졸업, 2006년 12월 한국고용정보원 일반직 5급에 채용되었다. 그리고 2010년 1월 29일 퇴사했다. 입사 4개월 후 특혜 논란이 제기됐다. 2017년까지 그 의혹이 수면 위로 오르락내리락했다.

한국고용정보원은 채용 과정에서 인사 규정 미준수로 관련자 징계와 기관 주의 조치를 받았다. 채용 의혹 자체가 사실로 드러나지는 않았으나 문재인 후보 측의 해명 과정 중 일부 발언이 거짓으로 밝혀져 논란이 이어졌다.

당시 JP 캠프는 문준용 관련 다양한 제보를 받았다. 문재인 후보의 도덕성을 훼손시킬 수도 있는 내용이 대다수였다. 대선 전략팀은 문재인 후보의 거짓말을 폭로하자고 JP에게 건의했다. JP는 건의를 받고도 반응이 없었다.

전략팀은 애가 탔고 다시 한번 보고서를 만들어 보고했다. 이번에도 JP는 묵묵부답이었다. 전략팀은 이구동성으로 "이게 뭐냐, 두 손을 묶어두고 싸우는 격이다"라고 이해할 수 없다는 반응이었다.

왜 당시 문준용의 일을 문제 삼지 않았는지의 답은 대선이 지나고도 한참 지난 후에야 사석에서 들을 수 있었다.

"왜 문준용을 이슈화 안 하셨습니까?"

"문재인 아들은 언론에서 이미 심판해줬다. 그 정도면 됐다. 대선에서 문재인의 문제가 아니라 문준용 정도의 문제로 표를 얻는 건 정도正道가 아니다."

아니 이게 뭐란 말인가! 평소 많은 사람이 알고 있는 그라면 융단폭격을 할 것으로 생각했는데!

그 대답을 듣고 또 얼마의 시간이 흐른 후에 다시 한번 물었다.

"문준용에 대한 대처는 지금도 이해가 참 어렵습니다."

"이미 문재인은 아버지로서 고통을 당할 만큼 당했다. 부모의 마음을 그렇게 망가뜨리는 게 아니다."

그것은 JP의 정치 철학 중 하나다. "정치 공방은 이슈로 하는 것이지 가족을 이용해 이슈 정치를 하는 것은 절대 안 된다. 가족은 정치와 별개다"라는 것이다.

그는 간혹 "인간관계에도 여백을 남겨라. 아무리 흥분해도 마지막 말은 절대 하지 말아라. 그 말 한마디에 인간관계의 모든 것을 잃어버리고 만다"라고 한다. 정치하면서 그가 지켜온 금도다. 어쩌면 그것은 둘째 아들의 일 때문인지도 모른다는 생각이 들었다.

어차피 지나간 일이다

JP의 둘째 아들은 아버지가 '홍준표'라서 많은 것을 인내하고 감수했다. 그는 발목에 박힌 철심을 빼고 해병대에 자원입대해 김포 2사단에 배치됐다. 부대 생활에서 당시 홍준표 의원의 이름을 거론해 본 적도 없었을 것이다. 입이 무거운 친구였다.

안 그래도 귀신 잡는 해병대 기강이 오죽했을까. 거기에 알음알음으로 JP의 아들이라는 말이 나고 이른바 군기를 잡히다 고막이 터져버렸다. 아들은 그 사실을 누구에게도 말하지 않았다. 당시 JP는 국회 환경노동위원장이었다. 둘째 아들의 고막이 터진 것은 상당 기간 감춰졌다.

그러나 세상에 영원한 비밀이 있던가. 부대 내 이런저런 소문이 돌았고, 부대가 난리가 났었던 모양이었다. 부대장은 사고가 있었던 소대원들을 해산, 재배치시키고 사후 수습대책에 나섰다. 그때야 JP도 군을 통해 보고 받았다. 이미 사고 후 몇 개월이 흐른 뒤였다.

당시 JP는 부대장에게 "어쩌다 그렇게 됐나……. 마음은 아프다만 이미 지나간 일이다. 앞으로 군에서 재발방지책을 잘 세워주면 좋겠다"면서 더는 추궁하지 않았다. 아버지로서 마음은 찢어졌겠으나 "어차피 지나간 일이니 됐다", 그 한 마디로 끝이었다.

그 마음이 어땠을까? 나도 자식을 가진 입장이지만 잘 상상이 가지 않는다. 자식이 손끝만 베도 심장이 서걱거리고 미안한 것이 부모의 마음인데. 고통과 회한 그리고 몰아치는 분노와 자식에 대한 미안함으로 그 마음이 뭉그러지지 않았을까.

우여곡절 끝에 선거가 끝났다. 선거 2~3일 전에는 잠시 행복한 시기도 있었다. 후보자 토론이 거듭될수록 JP의 지지율은 상승세를 탔다. 선거 막바지 5월 2일 마지막 공개 여론 조사에서 안철수 후보를 앞질렀다. 이른바 골든크로스였다.

전국 대장정을 마치고 마지막 서울 유세가 시작되었다. 서울은 신촌, 광화문, 강남을 거쳐 대한문에서 유세를 마쳤다. 그런데 나는 유세장을 돌면서 울컥했다. '홍준표' '홍준표'를 연호하는 유권자들의 모습이 달라졌다.

지난 20여 일 동안 세상이 변했다. 나는 유세차를 쫓아다니면서 대한민국이 홍준표로 인해 보수가 다시 일어서는 모습을 보았다. 대한민국이 다시 좌우의 날개로 다시 날 수 있을지 모른다는 희망을 보았다.

그렇게 유세를 마치고 내려온 JP는 "최선을 다했다. 기다려보자. 자책할 일도 없다"라며 집으로 향했다. 가을걷이 일을 다 끝내고 돌아가는 일꾼의 모습이었다. 마음이 참으로 편했다.

그리고 모두가 예상했고 모두가 아는 대로 패배했다.

운이 좋다고?

선대위 해단식에 참석하였다. JP는 평소와 다르게 선대위 관계자와 의원들에게 일일이 악수를 하면서 덕담을 주고받았다. 사무총장인 이철우 의원現 경북지사에게는 "야전 침대를 폈다더니 침대는 접었나?" 하면서 농담부터 던졌다.

김선동 상황실장에게도 상황실 정보가 많은 도움이 되었다며 감사를 표했다. 일일이 악수와 인사를 나눈 뒤 식사 자리에서도 화기애애한 분위기가 끝까지 이어졌다.

JP는 시종일관 정말 아무 일도 없어 보였다. 평상의 일을 마치고 저녁을 먹는 것처럼 태연했다. 선거에 패배하고 앞날이 불투명한 상황에서 의연하게 사람들을 대면하는 모습은 인상적이었다.

그날 JP는 "오늘 정말 감사하다. 아니 이번 선거에 물심양면으로 도와주어 커다란 힘이 되었다. 그동안 나로 인해 마음 쓰고, 애써주어 고맙다. 앞으로 보수가 맞닥뜨릴 터널이 생각보다 어두울 수 있다. 우리 모두 한마음으로 새길을 만들어 가자"라면서 패배보다는 감사와 미래를 말했다.

얼마 뒤 이철우 의원은 "JP는 정말 운이 좋았다. 정치 입문 초기에는 새로운 인물이 필요하다는 이유로 발탁되어서 출세가도를 달렸다. 결정적 모멘텀이 올 때마다 위기를 기회로 만드는 평생의 철학이 그를 살렸다. 그것이 JP의 이름을 높여주는 담벼락이 되었다"면서 패장의 의연함이 실력이라 덧붙였다. 그러나 정말 JP가 운이 좋아서 그 자리에 있는 것일까? 의문은 들었으나 그때는 답하지 않고 웃고 말았다.

지금 생각하면 JP가 직접 그 얘기를 들었다면 조금 억울할 수도 있겠다 싶다. 그의 어린 시절 얘기는 알려졌다시피 매우 처절한 가난의 연속이었다. 대학교 때는 독재정권에 맞서 학생운동도 했다. 검사가 되기까지 사법고시를 5번 떨어졌고 6번째 붙었다.

검사로 재직하는 내내 반골 검사로 찍혔다. 검찰의 출세 가도인 공안부와 특수부는 근처에도 못 갔다. 검사를 그만두고 변호사를 시작했다. 그때 조직폭력배들의 가족을 향한 온갖 협박을 피하고자 정치에 발을 들여놓았다.

우여곡절을 겪고 대선 후보까지 되었다. 야구로 치면 선발이 무너지자 버티고 지키기 위해 등판하는 '추격조 투수'가 된 격이다. 모든 것이 비정상이 되었다. 당은 무너지는 담벼락이었다. 그 당의 후보로 뛴다는 것이 과연 운이 좋았다고 할 수 있을까?

나는 JP의 권유로 처음 대선 캠프에 들어오면서 현실정치를 경험했다. 처음에는 아무 생각이 없었다. 평생을 정보업무에 종사하였고, 정치권 언저리를 귀동냥했다. 나름대로 정치는 내가 가장 잘하는 분야라고 생각했다. 그러나 역시 선무당이 사람을 잡는 법이고, 무식하면 용감하다는 말이 나를 두고 하는 말이었다.

정치는 살아있는 현장이다. 정치 현장에는 늘 이슈가 살아있다. 민심의 흐름, 정치인 간의 역학관계, 권력의 구도, 행정부의 실행력 등등. 제도와 법의 테두리에서 해결할 수 있는 일은 오히려 형식이 있어 쉬웠다.

정치 쟁점의 현장에 서 있다는 자체로 엄청난 억눌림에 놓일 때가 많다. 정치 현안을 잘못 대응하다 때때로 전혀 엉뚱한 국면에 서는 경우도 많다. 순간의 판단이 많은 것을 결정했고, 그런 현장의 시간 싸움은 무서웠다. 전쟁판이 따로 없었다.

더욱이 지난 탄핵 사태는 헌정사상 초유의 사태였다. 탄핵 과정에서 수많은 정치 현안들을 만났다. 지금 다시 떠올려도 가슴이 떨릴 정도다. 내가 자부심을 지니고 말해왔던 것들이 뜬구름이었다. 관중과 축구선수는 달랐다. 내가 20년 동안 정치 현장에서 귀동냥한 것으로 으스댄 얼치기였음을 깨달았다.

간혹 나는 친구들과 만나면 여의도 정치를 '바보들의 현장'이라고 비웃었다. 나는 기성 정치인들을 생각 없이 마구잡이로 비판하였다. 그것은 훈수꾼에 불과한 구경꾼이었다. 정치 현장은 보고서 좀 썼다고, 정보를 다루었다고 앵무새처럼 정보를 외워서 입 밖에 낼 수 있는 수준이 아니었다. 국가대표 축구 경기를 보면서 그것밖에 못 하느냐고 지적을 하는 것과 크게 다르지 않았다.

정치 현장에서 정신없이 시간을 보내고 배운 가장 큰 가르침은 겸손이었다. 한 걸음 떨어져 볼 때는 그렇게 우스워 보이던 정치인들이 고수 중의 고수들이었다. 동네 조기축구 선수가 국가대표 선수한테 공 한 번을 못 뺏는다더니 그게 딱 내 얘기였다.

게다가 '막말 프레임'에 갇힌 JP 측 사람이었다. 처음엔 지지를 호소하기 위해 사람들을 만나기도 힘들 정도였다. 그나마 우호적인 사람들이 "JP, 참으로 억울하겠다!"라고 해주는 사람이 있으면 힘이 났을 정도였다.

그러나 돌이켜보면 그 모든 게 내겐 약이었다. 정치 현장은 진흙탕에서 구를 각오를 해야 한다. 자신은 깨끗하고 결백하게 남기를 바라는 사람은 정치를 시작해서는 안 된다. 그건 결국 남의 손을 더럽히겠다는 뜻이다.

운은 사람을 만들지 못한다

세상의 모든 인간군상을 만날 수 있는 곳이 정치판이다. 그곳에서 자신의 소신을 지키고 권력을 쟁취해 나가는 것이 현실정치의 본질이다. '권력을 쟁취하겠다. 그래서 나의 정치 철학을 펼쳐보겠다'라고 뜻을 세웠다면 진흙탕이 아니라 오물이라도 뒤집어쓸 수 있다는 각오로 뛰어들어야 한다.

그 안에서 처절하게 부딪히고 깨지면서도 자신의 소신과 철학을 굽히지 않는 태도는 오히려 고결한 자긍심으로 박수받아야 한다. 그런 각오 없이 정치를 쉽게 보고 뛰어들었다가 망가지거나 도망친 사람이 한둘이 아니었다. 정책 몇 줄, 그럴듯한 언변과 이미지로 포장된 영광은 언제나 그렇지만 그 끝이 좋지 않았다.

운은 사람을 만들지 못한다. 운도 결국 준비된 사람에게 온다. 그 준비는 끝없이 현실과 자신의 소신이 부딪힐 때 그 소신을 지키기 위해 싸우는 과정에서 쟁취된다. 싸움을 피하고 구렁이처럼 피하려고 하면 좋은 사람, 품위 있어 보이는 사람은 될 수 있다.

시류에 편승하면 삶은 얼마나 편한가. 그런 사람에게 운은 오지 않는다. 정치 현장에서 가장 안타까운 장면을 때때로 본다. '세상과 함께하고, 싸움은 피하고, 좋은 정치인으로 살아왔다'고 자부하는 사람들이 자기 욕망에 빠져 사는 것을 본다. 앞과 뒤가 다르다 보니 당당하지 못하고 굽신거린다.

그런 이가 능력까지 없으면 더욱 괴롭다. JP는 걸어오는 싸움을 피하지 않았다. 잘 못 된 것을 그냥 넘어가지도 못했다. 가끔 그렇게 사는 게 피곤하지 않을까, 싶은 생각도 들지만.

"그렇게 살지 않았다면 벌써 사라졌을 것이다"라는 JP의 말을 들으면 이해가 된다.

누군가는 그것을 보고 오만하고 독선적이라고 하지만 한편에는 '양심과 원칙, 신의가 있다'고 한다. 어떤 시각에서 바라보느냐에 따라 동전의 양면처럼 다른 법이다.

그렇다고 JP가 완벽하다는 뜻은 결코 아니다. 큰 사람 혹은 리더가 되려면 이젠 변해야 하는 시점에 서 있었다. 포용이 필요하고 누구와 만나서도 이야기를 경청해야 했다.

Episode 2

오사카 간사이 공항의 홍준표

2013년 1월 27일 오사카 총영사 L은 홍준표 경남도지사를 마중하러 오사카 간사이 공항에 나갔다. 오사카 경남도민회가 JP를 초청했다. JP는 첫 번째 해외 출장으로 오사카 지역 경남도민회 신년회 참석차 일본을 방문하였다.

그날 JP는 관용여권이 아닌 일반여권을 갖고 있었다. 일반여권을 소지한 외국인은 본인 확인을 위해 입국 심사 때 양손 검지의 지문을 찍어야 했다.

"지사님 일반여권을 가져오셨네요? 그러면 외국인 입국 절차 규정상 입국하실 때 지문을 찍어야 합니다"라고 L은 사전

정보를 주었다.

그러자 JP는 “아! 그러면 저는 지문 못 찍습니다. 아시잖아요? 일본에서 지문 날인의 의미를…….”

L 총영사는 난감해했다. 어느 나라든 입국 절차는 주권에 관한 사항이라서 예외가 없었다. 그는 입국 원칙을 조심스럽게 말했다. “이거 일반적인 입국 절차이니 그냥 지문 날인 절차에 따르면 안 되겠습니까?” 그러자 JP는 담담하게 말했다.

“제가 한국의 정치인이고 더구나 한 정당의 대표까지 지냈던 사람인데 일본에 들어가면서 지문을 찍었다고 하면 무슨 말이 나올지 모릅니다. 더구나 70만 재일동포의 한이 서린 지문 날인 문제*가 엊그제 일입니다. 재일동포 행사에 오면서 지문을 찍고 들어갈 수는 없는 일입니다.”

“이 일은 저희가 여권을 잘못 들고 와서 생긴 일입니다. 총

* 지문 날인 문제: 종전 후 일본 정부는 외국인 지문 날인을 의무화. 주로 재일 한인을 대상으로 외국인을 감시, 통제하기 위한 정책. 1980년 재일교포 2세들을 중심으로 예비 범죄자 낙인을 찍는 비인권적 제도라며 ‘지문 날인 거부 운동’이 확산. 1993년 공식 폐지, 2007년 대테러 방지 명목으로 부활함.

영사님은 전혀 걱정하지 마세요. 저는 그냥 다음 비행기 편으로 돌아가면 됩니다. 동포들에게는 총영사님이 그 사정을 잘 말씀드려 주세요. 총영사님도 바쁘실 텐데 그냥 들어가세요. 저희 신경 쓰지 말고……."

그러나 그렇게 말한다고 해서 L 총영사는 당장에 '그럼 가보겠습니다. 안녕히 가세요'라며 돌아설 수도 없었다.

JP는 "일본의 법규도 존중해야 하므로 괜히 일본에 사정할 필요까지는 없다"라며 그의 등을 두드리며 자신의 말을 액면 그대로 믿어달라고 했다. 겉과 속이 다른 말을 하는 사람은 아니라는 것을 느낄 수 있었다.

그래서 L 총영사는 용기를 냈다. "그래도 어떻게 제가 그냥 돌아가겠습니까. 일단 일본 측 관계자와 얘기는 나누어보고 반응을 한 번 보시지요?"라고 말하고 L 총영사는 간사이 공항의 입국관리소 소장에게 자초지종을 설명하면서 일본 측의 협조를 요청했다.

소장은 최대한 노력은 해보겠지만 그 사안은 법무대신의 재가가 필요한 사안인데 토요일이라서 쉽지는 않을 것 같다고 말했다. JP와 L은 일본 측의 결정을 기다릴 수밖에 없었다.

L 총영사는 계속 긴장하고 있었다. JP가 기다려보겠다고는 했으나 정치인들이 언제 어떻게 돌변할지 모른다는 것을 잘 알고 있었기 때문이다. 그것은 L 총영사의 기우였다. JP와 L 총영사는 파벌 정치와 북핵 문제를 이야기하면서 4시간 이상을 시간 가는 줄 모르고 보냈다.

입국관리소장이 지문 날인 없이 입국할 수 있다고 알려주면서 '너무 시간이 오래 걸려서 미안하다'는 말을 하자, JP는 정색하며 잘못은 자신에게 있었고 일본 측이 미안해할 일이 아니라며 정중하게 감사를 전했다.

이어 경남도민회 행사도 성황리에 치렀다. 다음 날 아침 JP는 귀국하면 한번 보자는 '의례적인' 말을 남기고 오사카를 떠났다.

2019년 봄, 이제는 前 총영사가 된 L은 JP를 찾아갔다.

L 前 총영사는 "장 차관을 지낸 사람도 아닌 신용등급 낮은 정크 본드 같은 미력한 존재라서 도움을 못 드렸다"고 했다. 그러자 JP는 눈을 동그랗게 뜨고는 "자신을 진짜 정크라고 생각합니까?"라고 물었다. 그러자 그는 약간 기어들어 가는 듯한 목소리로 "그렇게 물어보시면 아니라고 답할 수밖에 없다"라고 대답했다. JP가 바로 결론을 내렸다.

"바로 그겁니다. 자신이 진짜 별 볼 일 없는 사람은 스스로 정크라고 못해요. 난 당신이 정크가 아니라는 것을 이미 알고 있습니다."

그날 이후 L 前 총영사는 JP와 함께 하고 있다.

서쪽 하늘을 보았다

2017년 5월 10일, JP는 페이스북을 통해
'세상이 나를 부를 때까지 기다릴 것'이라고 말하고
잠시 한국을 떠났다.
이후 물어보니 "가끔 태평양을 물들이는 노을을 바라보면
가슴이 뜨거워졌다. 그곳에서 잠시 휴식을 취한 것이
다행스럽다"고 말했다.

보수, 길을 잃다

그곳에서 무엇을 하셨느냐고 물었더니 본인이 말했던 대로 처칠을 공부했다고 한다. JP는 처칠 리더십의 뿌리인 희망과 자신감을 좋아했다. '싸우지 않을 수 없을 때는 싸워야 한다'는 분명한 원칙이 처칠다웠다.

처칠은 전쟁과 정치는 예측 불가능하다면서 예측 불가능한 상황을 즐겼다. 어떤 역경이 와도 당황하지 않고 위기를 넘겼다. 확고한 자신감과 단호한 결의로 맞섰다. 성공하기 위해서는 실패를 받아들여야 한다는 것이 처칠식 해법이었다.

JP도 종종 예를 들어 말하는 처칠의 뮌헨 협정 경고는 그의 리더로서 자질을 보여준다. 1938년 체임벌린은 히틀러와 뮌헨 협정을 체결하며 "이것이 우리 시대의 평화임을 믿고 있다"고 말했다. 그러나 바로 이듬해 세계 2차대전이 발발했고 체임벌린의 평화론은 무너졌다.

JP는 뮌헨 평화회담의 위험성을 경고한 처칠에게 깊은 감명을 받은 듯했다. 또한 "과거를 잊은 민족은 미래가 없다. 절대 굴복하지 말라. 위대한 일이든 사소한 일이든 크고 작든, 명예와 선의를 제외하고는 어느 것에도 굴복하지 말라"는 그의 말에도 위로를 받았다고 했다.

처칠은 삶의 굴곡이 심했으나 용기로 단련된 사람이었다. 실패 혹은 어려움에 굴복하지 않고 이겨낸 그에게 어려움 혹은 당혹한 순간을 재치있게 넘기는 능력을 주었다. 많은 경험을 통해 얻은 교훈들은 지금도 처칠의 어록으로 남았을 정도로 그는 뛰어난 언어 구사 능력을 지녔다. JP가 처칠을 공부하고 배우고 닮고 싶어 하는 것이 이해된다.

JP가 떠나고 며칠 후 문자가 왔다.

「보수의 핵심 가치를 고민해보라. 87년 체제를 넘어설 수 있는 시대정신과 촛불 대선으로 무너진 보수를 어떻게 재건할 것인가?」

질문이었다. 답을 요구했기에 그때부터 보수 재건, 보수의 가치 등을 연구해야만 했다. 그러다 어느 순간부터 이렇게 보수가 철저하게 무너져내린 것인지 알고 싶어졌다. 문득 JP와 나눴던 대화가 떠올랐다.

2015년 9월 3일, TV에서는 박근혜 대통령이 중국 베이징 천안문 성루 위에 서 있는 장면이 나왔다. 왼쪽에는 블라디미르 푸틴 러시아 대통령과 시진핑 중국 국가 주석이 나란히 서 있었다. 박 대통령은 중국 인민해방군의 군사 퍼레이드열병식를 지켜봤다.

사실 그 장면을 보고 나도 뒤통수를 맞은 듯 머릿속이 멍했다. 61년 전 1954년 10월, 김일성이 같은 자리에 서 있었다. 그는 마오쩌둥 옆에 서서 파안대소하며 중국 건국 5주년 기념 열병식을 지켜봤다. 그로부터 61년 만에 중국은 항일 승전 70주년 기념식에 박근혜 대통령을 초청한 것이다.

그 장면에 대해 JP는 "큰일 났다. 보수의 미래가 암울하다"면서 "천안문 열병식 참석 문제는 대한민국 정체성의 문제다. 외교란 본디 누구의 편도 아니어야 한다. 그러나 중국 열병식 참석으로 대한민국은 명분을 잃었다. 대한민국이 왜 이렇게 됐나?" 하는 한탄을 털어놓은 일이 있다. 그의 말대로 박근혜 前 대통령의 천안문 열병식 참석은 두고두고 보수의 아킬레스건이 되고 있다.

물론 박근혜 前 대통령은 우방인 미국과 공조하여 열병식 참석을 결정하였다고 했다. 그러나 박근혜 前 대통령의 중국 열병식 참석 후 보수는 정체성의 혼란을 겪은 게 사실이었다.

그렇다면 한국 보수를 어디부터 일으켜 세워야 할까. 그때부터 JP와의 문자가 시작됐다. JP는 이념 문제에 명확한 잣대를 가지고 있었다. "우파는 자유를 중심 가치로 생각하는 사람들의 집단이고, 좌파는 평등을 중심 가치로 삼는 집단이다"라고 규정했다.

"좌파가 나쁘다고 생각한 적은 없다. 언론에서 자꾸 색깔론이라고 낙인찍고 있으나 색깔론이 아니다. 해방 직후엔 우익과 좌익 개념이 있었다. 우익은 자본주의, 좌익은 공산주의의 개념이었다"라며 그 결을 따라 결국 보수와 진보가 아니라 우파와 좌파라는 표현이 옳다고 이야기했다.

"왜 좌우가 있는가? 좌우 날개가 정상이어야 날아간다. 지금은 좌측 날개는 비대해질 대로 비대해졌고 우측 날개는 꺾였다. 이제 우측 날개를 건강하게 복원시켜야 할 때다"라고 했다.

며칠 후 또다시 메시지가 도착했다. "이제 보수는 한국만의 新 보수주의 가치를 마련할 때다. 우리의 新 보수주의는 21세기에 맞는 새로운 가치를 찾아야 한다. 新 보수주의를 재구성해야 한다"라며 가치와 철학의 문제를 고심하였다. 그때부터 내 고민도 시작됐다.

먼저 한국의 보수를 생각해봤다. 여기저기 자료를 찾아보았다. 현재의 보수는 지리멸렬 자체였다. 어디서 손을 대야 하나 알 수 없을 지경이었다. 사실 보수는 반공과 한미 동맹, 산업화의 기치 아래 가치의 문제보다는 생존의 문제로 존재했다. 민주화 이후 생존에서 생활로 들어가야 할 시점을 놓쳤다.

한국 보수의 뿌리는 구한말 독립문을 세우면서 시작됐다.

중화 중심 세계에 맞서 한민족의 정체성을 찾고, 해방 공간 이후 민족의 중심에서 움직였다. 이승만과 김구의 반탁 운동을 통해 찬탁 운동의 공산 계열을 제압할 수 있었다.

박정희의 근대화도 국민교육헌장의 서두처럼 민족중흥을 이끌었다. 군부 정권 시절에도 한민족 공동체 통일 방안, 남북 기본합의서 등 통일과 북핵 담론을 주도해 북한에 맞선 것은 우파였다. 이때까지 민족은 우파의 주제였다.

그런데 87년 체제 이후 '민족'이 좌파의 전유물이 되어버렸다. 민족에다 이념과 가치를 덧씌운 좌파, 민족을 빼앗긴 우파에게 남은 것은 반공과 기득권만 남게 되었다. 절체절명의 위기였다.

19대 대선에서 JP가 좌우의 분명한 대립 구도 프레임을 세웠던 것도 결국 보수 결집을 위한 몸부림이었다. 무너져내린 보수를 다시 일으키려면 남은 사람들을 한 방향으로 모아야만 했다.

JP는 다시 新 보수주의의 이론적 토대를 보내왔다. "보수의 근본 가치인 자유를 앞에 두자. 그리고 서민을 핵심 가치로 하여 新 보수주의를 풀어가자"라며 자유, 서민, 공화, 열린 애국주의를 적시했다.

서민을 핵심 가치로 뽑은 것은 놀랍지 않았다. JP는 자신의 정치 인생 전반에 영국 보수의 아버지인 에드먼드 버크의 화두인 '늘 억압받는 자들 편에 서자, 약자 편에 서자'를 관철하려 노력했다. 한국 보수의 근본적 위기도 사회적 약자를 보호하는 데 소홀했던 점에서 찾았다.

과거 고위 공직자와 사회지도층 및 원정 출산자들의 '병역기피'를 막기 위해 '국적법'을 주도적으로 개정한 것, 사회 취약 계층의 등록금을 차등하는 법안을 발의한 것도 그 때문이었을 것이다. 한나라당 시절에는 '서민정책특별위원장'을 맡았다. 위원장으로서 사채업계의 대출 최고이자율을 25~30% 선으로 제한하여 제2금융권의 반발을 사기도 했다.

내 집 마련이 어려운 사람들에게 임대주택과 민간주택 사이의 사다리가 될 수 있도록 '반값아파트법'을 발의, 통과시키기까지 했었다. 현재는 법 자체가 폐기되었다. '반값아파트법'은 JP에겐 애틋하게 아픈 손가락으로 남았다.

2017년 5월, "대한민국 보수의 나아갈 길, 新 보수주의"를 마련했다. 新 보수주의는 자유주의를 바탕으로 개인과 기업의 창의성을 존중해 경제적 번영을 이루고 법치에 의한 공정을 세우는 것을 골자로 한다. 新 보수주의의 가치를 발판삼아 자유한국당이 쇄신되기를 바랐다.

'독이 든 성배' 그 이상

JP가 떠날 때만 해도 1년 정도는 돌아올 생각이 없었다. 우선 新 보수주의 가치를 가다듬고 박정희 시대의 패러다임을 넘어설 수 있는 대안을 찾고자 했다. 보수의 가치와 철학을 정립하는 공부에 매진하려 했다.

국가 비전과 리더십이 무엇인가? 대한민국이 이제 어디로 가야 할까를 새삼스럽게 공부하려고 했다. '보수란 보전하고 지킨다'라는 명제를 가진다. 하지만 항상 '무엇을 지킬 것인가?'라는 물음에서 막히곤 했다.

보수는 쉽게 선대로부터 물려받은 물질적·정신적 유산을 잘 지켜 후대에 물려주고자 하는 신념이라고 했다. 하지만 '우리가 물려받은 물질적·정신적 유산은 무엇이고 어떻게 잘 지켜 물려줄 것인가?'라는 방법론에서는 취약했다. '新 보수주의 선언'은 자유한국당 쇄신의 밑거름이 되기를 바랐고 국민 운동 수준으로 승화되어야만 보수 재건이 가능하다고 봤다.

그러나 여의도가 어떤 곳인가. 결국 '新 보수주의 선언'은 각종 해석을 불러왔다. JP의 당권 도전 문제가 정가의 화두가 되었다. 당연히 찬반양론이 따라붙었다.

찬성론자들은 JP야말로 상황의 본질을 보고 정치 감각이 뛰어나 보수 재건의 기수라고 평가했다. 반대 측에서는 대선 과정에서 흠집이 난 이미지로는 개혁에 한계가 있다고 비관했다.

JP의 선언이 화두가 되어 정가가 술렁거렸다. 당은 대선 때 받았던 지지율도 유지하지 못했다. 당장 어떻게 하겠다고 결정된 바도 없는 상태에서 바빠지기 시작했다. 내 전화통에도 불이 났다. 모 의원이 전화해 격앙된 목소리로 말했다.

"절대 출마하면 안 된다. 꼭 말려라. 이건 대선 후보보다 더한 독이든 성배다. 보수가 궤멸했다. 당도 예전 같지 않다. 그걸 재건하기 위해 또 본인이 총대를 메야 할 필요가 없다. 게

다가 지지율이 80%가 넘는 정권을 상대로 지방선거를 치러야 한다. 불리한 게 아니라 필패必敗다. 왜 그런 길을 가려 하나? 대선의 패장이 된 지 얼마나 됐다고 나오려고 하냐고 공격당할 거다. 출마를 절대로 막아야 한다.”

나는 세가 없는 사람이다

나도 말리고 싶었다. 여기에 JP도 매일 고민 가득한 문자를 서너 통씩 보내왔다. 당의 사정을 묻기도 했고, 현지에서 만날 수 없는 사람들의 이야기를 듣고자 했다. 정확한 사실만을 전달하고, 판단은 JP의 몫으로 남기는 것이 내 일이라고 생각했다.

또 그렇게 했다고 생각했는데, 은연중 반대의 뉘앙스가 느껴졌던 모양이다. 아니, 사실은 정말로 말리고 싶었다. 대선이 끝난 지 얼마 안 돼서 명분이 약하고, 차분히 쉬었다가 다음을 준비하는 게 더 낫다고 생각했다.

본인도 알고 있는 문제를 가지고 공격받을 것이 뻔한 데 짚을 지고 불구덩이에 가려고 하는지 이해할 수가 없기도 했다. 그리고 당 대표 출마를 결심한 마지막 문자가 날아왔다.

"필형아, 나는 세가 없는 사람이다. 계파 싸움하다가 주저앉은 당이다. 계파가 없어야 개혁을 한다."

2017년 6월 5일, 그가 돌아왔다.

귀국 기자회견은 내 뇌리에 인상 깊게 남아있다. JP는 즉흥적 연설을 원고 없이 하는 데 익숙했다. 그런데 그날은 수첩을 꺼내 한 단어 한 단어 신중하게 읽어 내렸다.

"지난번엔 제가 부족한 탓에 여러분의 뜻을 제대로 받들지 못했습니다. 정말 죄송스럽게 생각합니다. 여러분과 함께 자유대한민국의 가치를 지키는 데 힘을 보태겠습니다."

그동안 신중한 모습을 보이기 위해 준비된 발언을 해야 한다고 몇 차례 건의했는데, 잠시 떠났다 돌아온 그가 변해있었다. 아주 사소한 변화인지라 누구도 주의 깊게 생각하지 않았겠지만 사실 나는 그 장면 하나로도 퍽 감격스러웠다. JP는 공항까지 자신을 마중 나와 준 지지자들이 있다는 것에 매우 놀라워했다.

귀국하고 며칠 쉼표를 가지며 다시 한번 정국 상황과 여의도 소식, 당의 내부 사정 등을 꼼꼼하게 청취한 JP는 6월 14일,

"호랑이 등에 올라타 내릴 수 없는 입장이 되었습니다."

라며 당 대표 출마를 공식 선언하고 현실정치로 돌아왔다.

박수의 시간은 짧다

당시 보수의 상황을 회고하면 암울하기 짝이 없었다.

보수는 정체성 위기를 겪고 있었고 지리멸렬한 형국이었다.

탄핵 정국은 여전히 강력한 힘을 발휘하고 있었다.

적폐청산이라는 이름으로 보수 세력은 압박받고 있었다.

자유한국당도 표류하고 있었다.

탄핵을 당한 박근혜 前 대통령의 입장이나

당 차원의 조치도 없이 속수무책으로 사태를 방관하고 있었다.

회복에는 '나오려는 의지'와 '충분한 시간'이 필요하다

바야흐로 한국 보수정당이 친박 세력에게 인질로 잡힌 형국이었다. 끝이 보이지 않는 터널에 들어선 것 같았다. 누구도 한국 보수정당에 내부 수리와 재정비를 기대하지도, 나서지도 않았다. 이런 소용돌이 속에 당 내부에서는 친박 세력이 당권 장악을 추진했다.

한국을 떠난 JP는 당분간 현실정치와 떨어져 'New JP Plan'

을 구상하려 했다. 지난 대선은 진보와 보수의 가치가 극단적 대결 프레임으로 부딪혔다. 보수는 쓰러져가고 일어설 힘이 없어 보였다. 대선 과정만 되짚어봐도 단기간에 표를 결집하기 위해 동남풍 전략과 안보 색깔론이 불가피했다. 좌파 진영에서는 보수의 품격론 프레임을 덧씌우면서 JP는 치명적 상처를 입을 수밖에 없었다.

상처에는 엄연히 회복의 시간이 필요한 법이다. 그러나 자신이 20여 년을 몸담고 있었으며 '우선은 살리고 보자'고 나섰던 정당이 속수무책으로 방향성을 상실한 것을 외면하지 못했다. JP는 그렇게 주변의 의견을 청취한 뒤 당이 박근혜 前 대통령의 탄핵 프레임을 벗어나야 다시 일어설 수 있다고 확신을 얻은 것 같았다.

JP는 귀국 후 친분 인사들을 광범위하게 접촉하기 시작했다. 학계와 언론 등 사회지도층 인사들은 한국의 보수가 살길은 일종의 '제례의식'을 거쳐야 한다고 조언했다.

구태의연함과 부정부패, 무기력과 관성에 빠져 무능력해진 당의 쇄신을 위한 통과의례를 제안받았다고 했다. 당은 무기력했다. 일각에서는 당 해체를 건의하기도 했다. 하지만 제1야당, 아직 100명이 넘는 의원들이 존재하는 한, 해체는 불가능했다. 해체에 버금가는 재생의 몸부림이 필요했다.

나 또한 백방으로 다니며 많은 조언을 들었다.

"혁신은 정치 공학이 아니다. 정치 공학적 대응은 백약이 무효하다. 내가 볼 때 당은 좀비 정치 속에 빠져 허우적대고 있다. 게다가 당내에 대중 정치인이 없다. 정권 재창출 자체가 언감생심이다. 개혁은 뼈를 깎는 고통이 따르고, 변화에는 오랜 시간이 필요한 법이다. 국민을 감동케 해야 한다. 가치의 정치를 회복해야 한다. 文 정권 실책에 의한 반사 효과를 기대하는 정치나 발목잡기는 하책 중의 하책이다."

원로 정치인의 충고가 뼈아팠다. JP에 대한 조언 그리고 요구사항도 당연히 들었다.

"JP의 미래 지향적 비전을 세워라. 보수의 대표성도 대선을 거치면서 올드 보수 이미지만 뇌리에 남았다. 그가 이미지 개선에 미온적인 것으로 알고 있으나 이미지는 정치인에게 선택이 아닌 필수다. 우선은 상대에게 자신의 얘기를 '듣고 싶게' 만들어야 하지 않나? 이미지 트라우마를 벗어야 한다."

또 다른 이는,

"지난 대선에서는 개인기와 순발력으로 잘 대처했다. 어쩔 수 없는 상황이었다는 것도 안다. 그러나 이젠 시간을 가지고 내실을 다져야 할 때다. 매력적인 JP를 만나보고 싶다. 정책상으로는 중간 지대를 선점하려는 노력이 필요하다."

이런 고언들이 모두 JP에게 전해졌다. 그 또한 만나는 사람들로부터 크게 다르지 않은 말들을 들었을 것으로 생각했다. 이와 같은 고언들을 기반으로 당 쇄신과 개혁 작업의 밑그림이 그려졌다. 여기서 다시 일의 순서가 정해졌다. 본인의 이미지보다는 당 쇄신을 위한 '가치'를 세우는 일에 몰두했다.

"일이 먼저다. 변화의 중요성은 안다. 그러나 그 방법론이 문제다. 변화의 방법론은 온고지신溫故知新이다. 변화의 출발점은 검증되지 않은 미래가 아니라 이미 검증된 전통이다. 변화는 전통의 가치를 재확인해 나가며 수정하는 것이다."

이렇게 JP는 자유한국당을 바로 세우고 보수 혁신을 기치로 보수 우파를 재건하는 대장정을 시작했다. 보수 세력의 갈증에 부응하기 위해 공부했다. 그러나 박수받는 시간은 늘 짧은

법이고, 혁신의 터널은 아직 끝이 보이지 않았다.

궁정의 역사 인식, 법치를 통한 정의 실현, 자유와 공화주의, 열린 애국주의와 서민 중심 경제를 표방한 신자유주의를 핵심 가치로 내걸고 「대한민국의 새길」이라는 팸플릿 형식의 자료를 만들려고 했었다.

그러나 당내 논객들과 당직자들의 반대로 세상에 나오지 못했다. 당시 K 의원 등에게 내용의 적합성 등을 보아달라고 요청했다. 그러나 아무리 재촉해도 묵묵부답이었다. 당내 분위기도 적대적이기는 마찬가지였다.

"JP의 인식이 너무 이론에 파묻혀 있다."

하며 누구도 가치 재정립 노선에 동조해주는 세력이 없었다. 정당이 '가치'를 세우고 그 가치의 깃발 아래 모이는 것은 당연한 일인데도 그랬다.

新 보수주의 선언

지금 돌아보면 '자유한국당'은 가치를 내세우는 정당이 아니라 현실에 그저 존재하는 정당이라는 인식이었던 것 같다. 이미 존재하는 데 '가치'라는 건 쓸데없는 논쟁에 불과했다. 그러나 내가 지켜본 바, 투쟁력의 상실은 바로 거기서 시작된다.

과거 새정치민주연합의 혼란기를 떠올렸다. 2013년 겨울 대선 패배 후, 새정치민주연합은 2014년 3월부터 2015년 12월 더불어민주당으로 승계될 때까지 약 1년 10개월간 당 지도부는 4번, 1년 임기의 원내 지도부는 4번이나 교체됐다.

당시 전병헌 원내대표는 임기를 채 2달도 채우지 못했다. 혁신위원회, 비상대책위원회를 겪었던 시기인데 되짚어보면 그때도 당 외부 인사에게 당의 문제를 맡기지 않았다. 서로 책임을 묻고 싸웠다. 당 내부의 문제를 당 내부에서 풀어나가려는 치열함이 있었다. 그것이 그들을 단단하게 만든 것이 아닐까?

자유한국당은 어떠한가? 되짚어보면 2016년 6월 김희옥 혁신비대위원장을 시작으로 인명진, 김병준, 김종인 비대위까지 모두 외부 인사에게 당을 맡겼다.

당내 인사가 비대위를 맡았던 것은 2014년 5월, 이완구 비대위로 62일의 임기 동안 당 대표 선출을 위한 전당대회를 지휘한 것이 마지막이었다. 김병준 비대위의 기간은 무려 226일이었다. 김종인 비대위는 342일이었다. 당 내부에서 치열한 가치의 논쟁은 사라졌다.

보수의 품격을 말하며 좋은 사람들처럼 웃으면서도 아무것도 하지 않았다. 개혁을 위해 가죽을 벗기는 아픔도 감수하지 않았다. 손에 피를 묻히는 악역을 당내 누구도 맡으려 하지 않았다. 그래서 손쉽게 떠날 사람을 선택해 앞세우고 안으로는 곪아갔다. 계파 갈등은 그 곪음의 상징이었다.

결국 JP가 선택한 것은 당 대표 산하의 '혁신위원회'를 두는 것이었다. 혁신위는 조직·정책·인사 혁신을 순차적으로 진행하겠다고 발표하고 2017년 7월부터 6개월 동안 활동을 했다.

'사회주의 개헌'을 기억하십니까?

혁신위는 '자유한국당 新 보수주의'를 기치로 혁신을 선언하며 우파 통합의 기대감을 주었다. 그러나 결론적으로는 박근혜 前 대통령 탄핵의 반성과 평가가 빠졌다는 비판을 받았다.

JP는 '서민'을 중심에 둔 정책을 지향했다. 그러나 '서민 중심 경제'는 사회주의 가치라는 논란과 함께 유동렬 혁신위원의 반발과 사퇴라는 내홍을 겪기도 했다.

혁신위는 초기 당의 재건을 위해 박근혜 前 대통령의 자진탈당에 무게를 두고 핵심 이슈로 선정해 밀어붙였다. 물론 인적 혁신은 가장 마지막이라는 인식도 어느 정도 공유하고 있었다. 그러나 당시 정치 현실이 상황을 긴급하게 만들었다.

2017년 하반기, 문재인 정부는 일명 '사회주의 개헌'을 추진하고 있었다. 자유한국당은 이를 저지해야 했다. JP는 개헌안을 읽어보고는 불같이 화를 낼 정도였다. 당시 자유한국당 소속 국회의원만으로는 개헌을 저지하기 어려웠다.

무엇보다 소속 의원 중에는 내심 개헌에 동조하는 이도 있었다. 개헌 자체에 찬성한 것인지, 어차피 지지율 80%의 정권에는 못 이길 것이라는 자포자기인지는 알 수 없었다. 어느 쪽이든 당이 일사불란하게 개헌을 저지하겠다는 한마음으로 뭉치는 것이 요원해 보였다.

바른미래당도 반대할 것이라는 신뢰가 어려웠다. 당 대 당 합당 또는 바른미래당 의원 중 개헌에 반대하는 일부의 복당이 절실했다. 바른미래당 복당파 의원들은 복당의 명분으로 '박근혜 대통령과 탄핵에 책임이 있는 일부 친박계 인사들의 출당 조치'를 요구했다. 이때부터 박근혜 前 대통령의 출당 문제가 핵심으로 떠올랐다.

당시 혁신위는 박근혜 前 대통령이 탄핵을 당했으나 직권남용 등 각종 혐의를 씌워 실형을 사는 마당에 출당은 신중해야 한다며 격론을 벌였다. 우선 '자진 탈당'에 무게를 두는 의견이 보고됐다.

이를 수용한 JP는 박근혜 前 대통령의 변호인들을 통해 당의 상황과 정국의 흐름을 전하며 양해를 구했다. 돌아오는 답이 없었다. 속절없이 시간만 흘렀다. 지지율이 하늘을 찌르는 청와대와 여당은 개헌에 군불을 지폈다.

자칫 개헌안의 국회 통과도 못 막고, 지방선거에서 국민투표까지 밀어붙일 분위기였다. 다시 모든 결정이 JP의 몫으로 떨어졌고 '출당'이 결정됐다. 친박 인사들이 거세게 반발했다.

'박근혜 前 대통령 출당' 문제는 정국을 뜨거운 감자로 만들었다. 죄는 미워해도 사람은 미워하는 게 아니라는 정서가 확산하면서 JP와 혁신위원들에 대한 비난이 쇄도했다. 이미 실형을 살고 있고, 탄핵까지 당한 전직 대통령, 법적·정치적 책임까지 진 마당에 출당은 패륜이라는 험악한 소리까지 나왔다

그러나 '박근혜 前 대통령과 일부 책임 있는 친박 인사를 출당함으로써 안전한 개헌저지선을 확보해 정권 견제의 교두보를 확보하느냐? 당 내외의 비난이 두려워 文 정권과 여당이 추진하는 사회주의 개헌을 손 놓고 지켜보느냐?'는 선택의 호두를 깨야만 했다.

JP는 결국 위험한 미래를 선택했다. 나도 알고 있었고, JP도 당연히 잘 알고 있었을 것이다. 박 前 대통령의 출당 문제가 내내 JP의 등 뒤에 매달려 있을 것임을.

제3차 혁신안의 후폭풍은 거셌다. 혁신위는 당시 궤멸 직전 상황에 몰렸던 야당에 혁신의 방향을 설정하였다. 또 구체적 대안을 제시함으로써 사회적 주목을 받았다. 대안 정당으로서의 방향을 제시했다는 평가도 있었다.

그러니 '조직→정책→인사'로 이어져야 할 혁신의 순서가 뒤엉켰다. 박근혜 출당 문제가 혁신위를 삼켜버렸다. 나머지 조직·정책 혁신은 세간의 관심에서 멀어지며 동력을 잃었다. 사회주의 개헌을 막기 위한 출혈이었다.

JP는 개헌안 투표장에 들어가는 의원은 제명하겠다는 초강수를 던졌다. 그래서 의원들과의 사이도 더욱 나빠졌다. 당 대표 흠집 내기에 여당보다 당내 인사들이 더 목소리를 높였으니 무슨 말을 더할 수 있을까?

가만히 생각해보면 이 당은 대여투쟁보다 당내 권력투쟁에 더 능한 정당이었다. 계파 없는 원외 당 대표의 한계에 부딪혔다. 추경 편성 등에서 당 대표의 역할은 없다고 의원들로부터

밀려났다. 의총장에 당 대표 신분으로 들어갔다가 "의원도 아닌 주제에……"라는 비아냥도 들었다.

JP는 당 대표를 수행하는 과정 동안 박근혜 前 대통령과 친박의 그림자를 탈피하고자 했다. 그러나 똘똘 뭉친 친박에 포위되면서 당 개혁이 표류하는 인상을 주었다. JP의 리더십에 흠집이 났다.

대중을 따라가지 마라

전열이 정비되지 못한 상황에서 2018년 6.13 지방선거를 맞았다. 선거전략의 기본 축을 문재인 정부의 무능한 안보 정책에 두었다. 보수 세력 결집을 통해 지방선거를 대비해야겠다는 의지였다.

북한 6차 핵실험과 대륙간탄도미사일ICBM 발사로 보수 세력의 안보 위기론이 힘을 받았다. 이에 JP는 '전술핵 재배치'를 앞세워 청와대와 여당을 강하게 몰아붙였다.

JP는 '국가가 제 역할을 하지 못해 우리가 나서는 것'이라며 당 차원의 북핵 위기 대응 특별위원회를 미국에 보냈다. 미국을 상대로 전술핵 재배치 필요성을 전방위적으로 설득했다.

미국을 방문해 안보 위기론에 올인했다. 장외투쟁의 일환으로 '전술핵 재배치 국민보고대회'와 '1,000만 서명 운동'도 전개했다. 그러나 이런 기조는 단 하나의 이벤트로 무너졌다. 하늘이 돕지 않았다. 아니, 그때는 하늘이란 게 진짜 있기는 한가 싶었다.

2018년 4월 27일, 문재인 정부는 판문점에서 남북정상회담을 개최했다. 남북의 정상이 판문점에서 환하게 웃으며 악수를 하고 수행도 없이 도보다리를 산책하듯 걸었다. 남북정상회담을 지켜본 후 JP는 "나라를 통째로 넘기시겠습니까?"라는 슬로건을 직접 만들고 국민에게 호소했다.

DJ, 노무현 정부의 남북정상회담으로 잠시 조성되었던 평화의 분위기, 그러나 변하지 않는 북한의 태도와 수차례에 걸친 북핵 실험, ICBM 발사 등을 경험한 국민이 이번 정상회담 후 '평화'가 도래할 것으로 믿지 않을 것이라는 신뢰가 있었다.

그러나 "나라를 통째로 넘기시겠습니까?", "대북 위장 평화쇼" 등은 오히려 막말로 취급받았다. 민심이 떠났다. 눈을 부릅뜨고 현 상황을 직시하는 문구를 만들어도 돌아선 민심을 설득하긴 역부족이었다. 남북정상회담은 지방선거 참패라는 결과를 초래했다.

JP는 평소 "대중을 따라가지 마라. 지도자는 대중을 이끌어야 한다"는 평생의 지론을 가지고 있었다. 그러나 결국 지도자가 대중을 설득하기 위해선 그들의 의견을 따를 때도 있어야 한다는 평범한 진리를 깨우쳤다. 국민이 바라는 나라의 모습과 자신이 그리는 모습을 차츰 맞춰가야 하는 시대임을 배운 것이다.

모든 책임은 나에게 있다

The Buck Stops Here

과거 보수 세력은 북한 변수를 곧잘 선거에 이용했다.

때때로 선거 때마다 반사이익을 얻곤 했다.

그러나 이번 지방선거의 북풍은 JP에게

완전한 패배를 안겼다.

북풍은 역풍이었다

JP는 남북정상회담을 좌파만이 지지하는 '위장 평화 쇼'로 공격했으나 오히려 대안 없는 비판으로 역풍을 맞았다. 당내의 반발은 물론이요, 경기, 인천 등 수도권의 후보들이 반발했다. 선거 막판에는 자유한국당 후보들마저 JP의 지원 유세를 거절했다.

패배가 짙어지면서 JP는 "대선 때는 탄핵과 국정농단 프레임에 갇혔고, 지방선거에는 적폐청산과 위장 평화 프레임에 갇혔다"고 한탄했다. 이어 유례가 없을 정도로 처절한 패배를 당했다. 박근혜 前 대통령 출당 조치에 따른 역풍도 가세했다. JP는 사면초가四面楚歌의 국면에 빠졌다.

"우리는 참패했다. 나라는 통째로 넘어갔다. 모두가 제 잘못이고, 모든 책임은 나에게 있다"며 바로 다음 날 약속한 대로 당 대표직을 사퇴했다.

"대표직을 수행하면서 본질적 혁신인 인적 청산을 못 했다. 막말 한 번 해보자면, 국회의원을 아르바이트로 생각하는 사람, 국비로 세계 일주가 꿈인 사람, 이미지 좋은 초선으로 가장하면서 밤에는 친박 행세하는 사람들 속에 내우외환으로 1년을 보냈다. 이제 나는 평당원으로 돌아간다"라고 했다.

JP는 언젠가 자신의 직설적이고 분명한 언어로 주장하는 성격이 손해를 본다고 이야기했다. 주변에서 때때로 성격을 죽이라는 말도 많이 들었다. 그때마다 때로는 쑥스러운 듯, 때로는 웃으면서 "잘 안 된다. 나 자신을 속일 수가 없다. 세상사 성질대로 사는 게 아닌가?"라고 넘겼다.

그리고 정말 마음 가는 대로 살아왔다. 자신의 타고난 성질을 거부하지 않았다. 순박해 보이다가도 때론 야생의 모습을 보였다. "나는 나의 길을 간다"는 고집이 있었다. 물론 6.13 지방선거야말로 그 성격으로 인한 최대 피해를 안겨주었다. 그래도 굽히지 않는 것은 소신과 신념이 있기 때문이라고 조심스럽게 생각해본다.

니가 나를 모르는데, 난들 너를 알겠느냐?

여기서 JP의 성격을 보여주는 일화를 하나 소개하고 싶다. 바로 이명박 前 대통령과의 얘기다.

"이명박 前 대통령은 BBK 사건이 아킬레스건이었다. 당시 내가 아니었으면 상대 당의 공격을 아무도 못 막았다. BBK 사건의 공격을 내가 막아줘서 대통령이 됐다"고 종종 말하곤 했다. 방송에 나가서도 그 부분은 서슴없이 말한다. 이명박 前 대통령 측에서도 그 부분을 두고는 반론을 제기한 적이 없다.

이명박 前 대통령은 당선자 신분일 때 JP를 통의동 사무실로 불러 세 번이나 법무부 장관을 시켜준다고 약속했다고 한다. 그런데 인사가 진행될 때마다 JP의 이름이 빠졌다. 나중에 여러 정보를 통해 들은 얘기로 "홍준표를 법무부 장관 시키면 이상득이명박 前 대통령의 형 잡아넣고 난리를 칠 거다"라면서 주변에서 반대했다고 한다.

어쨌든 약속이 지켜지지 않자 JP는 청와대에서 조찬을 하며 면전에서 물었다고 한다.

"왜 안 시켜주느냐?"

"법무부 장관과 국방부 장관은 정치적 중립을 지켜야 한다. 정당 출신은 안 된다."

약속이 지켜지지 않는 이유를 이명박 前 대통령은 그렇게 해명했다고 한다. 법무부 장관이 돼서 검찰 조직의 개혁을 해보고 싶다던 바람이 있던 JP에게는 당황스러운 답변이었다. 그러나 거기서 물러설 JP가 아니었다.

"시켜준다고 할 때는 언제고 안 시켜주고. 그럼 (정치적 중립을 안 지켜도 되는) 총리 시켜 달라."

으름장을 놓았단다.

다음 날 임태희 비서실장으로부터 연락이 왔다.

"환경부 장관하라."

총리를 내놓으라고 했더니 돌아온 말이 '환경부 장관'이었다. 환경부에서는 무엇을 할 것인지 생각해 본 일이 없었다. 그가 하고 싶은 일과는 거리가 먼 자리였다. 무엇보다 등 떠밀려 가고 싶지 않았다. JP는 임 비서실장에게 물었다.

"타타타라는 노래 아냐"

모른다는 답이 돌아왔다. 그 노래 시작 부분을 알려줬다고 했다.

"니가 나를 모르는데 난들 너를 알겠느냐? 사람을 어떻게 보고 법무부 장관, 총리를 얘기한 사람에게 환경부 장관으로 달래려 드냐? 웃기는 소리 하지 말라고 전해라."

물론 그 직설적인 말이 전해졌을지는 모르겠다. 하지만 이명박 前 대통령이 JP의 성격을 모르는 게 아니니 아무리 돌려서 전달했다고 해도 육성으로 저 말이 들렸을지도 모르겠다.

이후에도 JP는 이명박 정부가 안정되기 위해서 이상득 의원에게 의원직을 사퇴하고 해외로 나가라고 충고했다. 그러나 이상득 의원은 이를 거부했다. 오히려 최시중 前 방송통신위원장과 함께 反 홍준표 전선을 형성함에 따라 이명박 정부 시절 끝내 원하던 각료의 자리로는 가지 못했다. 그래도 JP는 아쉬워하기보다 내가 세운 뜻을 무너뜨리지 않았다면서 스스로 위로했다.

JP는 굴곡 많은 삶을 살아왔다. 깊은 굴곡을 만날 때마다 아닌 척하지만 깊은 상처를 견뎌보려고 애쓰는 모습을 옆에서 지켜봤다. 그러나 JP의 시련은 상실을 의미하지는 않았다. 시련을 얻었다고 해서 자신을 잃어버리는 사람은 아니었다.

그렇다고 상처가 없는 사람도 아니었다. 그래도 위기가 닥칠 때마다 마음의 결핍과 낙담 속에 자신을 무책임하게 방치시키지 않았다.

"위기危機라는 한자를 잘 봐라. 위태로움 속에 기회가 도사리고 있다"라면서 위기를 인생의 일부로 받아들였다. 물론 그것을 지켜보는 쪽에서는 섣불리 위로를 건넬 수도 없으니 되레 내 속이 탔다.

네 잎 클로버

당 대표직을 사퇴하고 JP는 전과 다르게 침울해 보였다. 힘이 빠진 것 같았다. 예전과 달리 사람을 잘 만나지 않았다. 막상 만나면 특유의 입담과 거침없음은 여전했으나 어깨에 힘이 들어가 있지 않은 것만 같았다. 떠날 날짜만 셈하며 외부와의 접촉을 최소화했다.

칩거는 JP답지 않은 방법이었다. 갓 1년이 넘은 文 정부의 지지율이 고공행진을 하기에 매우 어렵고, 패배할 것이라 이미 예상하던 지방선거였다. 그래도 깊은 내상을 입은 것은 분명했다.

나도 사람들을 만나기가 점점 꺼려졌다. 패배의 말을 할수록 변명이 되어가는 것 같았다. 아무렇지 않아 하는 것도 어려웠고, 말을 꾸미는 일이 거추장스러웠다.

그 무렵 나는 시간만 나면 곧잘 양재천변을 걸었다. 여름 볕 아래 양재천은 흐르는 물의 비린내와 다 자란 쑥의 씁쓸한 향이 뒤섞여 있었다. 석양으로 만들어지는 물비늘이 반짝였다. 한여름의 열기가 식지 않았다.

내일이면 JP는 다시 한국을 떠난다. 발걸음은 점점 무거워졌다. 마음도 착잡해졌다. 석양이 깊게 드리운 그림자를 뒤로하고 의자에 앉았다. 여기저기 자리를 잡은 꽃들을 들여다봤다. 마타리와 비비추, 망초대꽃이 듬성듬성 펼쳐졌다.

유심히 보면 사람이나 식물이나 무리를 지어 자라고 있었다. 한쪽 구석으로 클로버 군락이 있었다. 바람이 불면서 무심코 흙냄새가 날아왔다. 허리를 꺾어 클로버를 유심히 바라보았다. 갑자기 네 잎 클로버가 찾고 싶어졌다. '행운'이 그리워졌다.

살면서 우연이라도 네 잎 클로버를 찾아본 적이 없었다. 그러나 그 순간만큼은 네 잎 클로버를 찾는 것이 가장 의미 있는 일처럼 느껴졌다. 소망하는 것이 실현될 것만 같았다.

네 잎 클로버는 쉽게 찾아지지 않았다. 찾고자 하는 열망이 고집과 집착으로 바뀌는 건 순식간이었다. 그러다 어둑어둑한 그늘 속에서 네 잎 클로버를 찾았다. 보물을 다루듯 네 잎 클로버의 사진을 찍었고 문자와 함께 JP에게 보냈다.

「양재천을 거닐다 행운의 네 잎 클로버를 만났습니다. 내일이면 떠나시는데 오늘 만난 네 잎 클로버의 행운이 끝까지 함께 하시길 빕니다」

답장은 금방 날아왔다.

「고맙다. 세상의 시계를 기다려보자.」

이제 기다림은 JP만의 시간이었다. 이후 JP는 2018년 7월 8일 페이스북에 "연말까지 나라가 나가는 방향을 지켜보겠습니다. 홍준표의 판단이 옳다고 인정받을 때 다시 시작할 것입니다"라고 밝히고는 홀연히 비행기에 몸을 실었다. 그는 언제나 바람 같았다.

Episode 3

정보적 상상력

언제였던가. JP가 의원회관 1층에 있던 시절이다. 나는 정보기관에 근무하며 국내 정보를 수집하는 사람이었다. 당시 신문 기자들이 매일 기사를 쓰는 것처럼 정보기관 종사자들도 매일 데스크에 일일 정보 보고를 해야 했다.

정보라는 게 넘쳐날 때도 있지만, 어떤 날은 쓸 거리가 똑 떨어질 때가 있다. 그럴 때면 정보관들은 자신의 목표 대상을 찾아다닌다.

내가 JP를 찾아간 셈이 된 것도 땟거리가 없는 일요일이었다. 8월 초순이었다. 이른바 휴가 기간. 의원회관도 예외가 아니었다. 사람의 그림자도 찾기 어려웠다. 의원회관 신관이 지어지기 전이었다. 7층 건물 꼭대기부터 한층 한층 내려오기로 마음먹었다. 이방 저방 기웃거렸으나, 단단히 잠긴 문이 대부분이었다. 아무도 없었다. 이런 난감함이란.

그렇게 터덜거리며 내려오다 1층 한구석 문이 열린 것을 봤다. JP 의원 방이었다. 살며시 들여다보니 보좌관은 아무도 없었고 의원실 방문이 열려 있었다. 무작정 안으로 들어가 보았다. 그 작열하는 여름날 에어컨도 켜지 않은 실내에서 시원한 차림을 한 JP가 책상에 앉아 무엇인가 보고 있었다.

"의원님 뭐 하세요?"

"응? 웬일이야? 밀린 공부하고 있어."

공부한다는 말이 이렇게 해맑게 할 수 있는 말이던가.

"무슨 공부 하세요?"

"노동법"

"아니, 고시 볼 때 이미 공부하셨잖아요? 무슨 법 공부를 다시 하세요?"

"사실 고시를 통과해도 노동법은 공부를 안 했어. 고시에 노동법이 없거든. 그래서 보고 있었다. 근데, 야, 이필형!"

"예?"

"너 감시하러 왔지?"

"당연하죠, 그래서 오늘 들렀습니다. 제 일이 이런 거 아닙니까?"

슬며시 웃으며 답했다. JP가 잠시 생각하더니 진지하게 말했다.

"정치나 정보 수집 업무나 상상력이 중요하다. 주어진 상황은 누구에게나 똑같은데 누구는 답을 얻고, 누구는 지나간다. 정치에서 정치적 상상력을 발휘하듯 정보관은 정보적 상상력을 가져야 정보에 생명이 생긴다. 정보관이 정보 수집만을 목표로 하면 상황을 겉으로만 보게 된다. 정보기관이니까 '어떻게 더 좋은 나라를 만들 수 있을까?' 고민하면서 정보를 수집해라. 그날그날 일보에만 집착하다 보면 정보가 껍데기가 될 수밖에 없어. 의식 있는 정보관이 되기 위해 공부해라."

일보 거리를 찾아 헤매기만 하는 내게 인생 선배가 해주는 충고였다. '생각하는 정보와 정보적 상상력'은 이후 내 인생의 화두가 됐고 내가 흐트러질 때마다 건네는 주문이 됐다. 한여름 텅 빈 의원회관에서 얻은 새로운 이정표였다.

샤이 홍

Shy Hong

JP가 떠나기 전, 그러니까 지방선거 패배 후
나는 JP에게 보고를 빙자한 편지를 썼다.
망설이던 편지였는데 누군가
'소 잃고 외양간 고치는 사람을 비웃지 말라.
그가 반성하고 있기 때문이다'라는 말에 힘입어
펜을 들었다. 개인적으로 하고 싶었던 얘기도 담았다.

계급이 깡패

『지방선거 과정에서 당원들과 국민에게 배척당하고 수모를 겪는 모습에 몸을 어디에 둘지를 몰랐습니다. 좌파 막말 프레임이 굳어지면서 이미지가 왜곡되어 치명적 흠집이 되고 있습니다. 다른 정치인들과 달리 정치적 실패에 개인적 퍼스낼리티까지 상처를 입었습니다. 그렇기에 과거 DJ나 文의 대선 패배 후 복귀와는 전혀 다른 양상이 될 것입니다. 남북문제나 경제문제를 정확하고 예리하게 진실을 말해도 막말화, 희화화되고 변질되고 있습니다.

우선, 할 말은 하시되 목소리를 달리하셔야 합니다. 목소리 톤이 달라져야 합니다. 손녀나 자식들을 이야기하고 미래의 꿈과 비전을 이야기해야 합니다. 이것이 변화의 시작입니다.

지도자는 내가 말하고 싶은 내용을 제대로 전달하여 대중의 공감을 사고 이끌어야 합니다. 설득, 경청하는 소통이 필요합니다. 文의 대선 준비 시절의 변화와 트럼프 지지층의 결집 방법을 벤치마킹해야 합니다.

지도자가 되려면 대중이 알아들을 수 있도록 그들의 언어로 소통해야 합니다. 정통보수로서 품격있는 말과 행동에 유의해야 합니다. 필요하다면 무대 위에서는 배우가 되셔야 합니다. 보리스 옐친은 나이가 문제가 되자 청바지를 입고 트위스트를 췄습니다. DJ도 그랬습니다. 그것은 의지의 문제입니다.』

결국 요체는 '변해야 한다'였다. 게다가 JP는 또 한 가지 약점이 있다. 이렇게 말하면 아무도 믿지 않는데 의외로 부끄러움이 많은 사람이라는 것이다. 믿기지 않겠지만 몇 가지 일화를 소개하겠다.

어느 날인가 JP가 나를 불러 앉혔다.

"그동안 자네를 유심히 봤다. 그런데 왜 사람들을 만날 때 시선 처리가 어색한가? 왜 사람을 바로 보지 않나? 사람의 신뢰는 제일 먼저 시선에서부터 나온다. 앞으로 유념토록 하라."

나를 오랫동안 지켜봤다며 당부했다.

사무실에서 나와 가만히 내가 그랬던가, 생각해보았다. 어린 시절 나는 항상 땅만 보고 다녔다. 선생님들은 "뭘 그렇게 찾니?"라든가 "땅에 뭐 숨겨놨냐?"라고 에둘러 지적하기도 했다. 고개를 들고 똑바로 보라는 충고가 일상이었다.

시선을 피하는 행동은 사회생활을 하면서 나는 나름대로 상대를 배려하려고 시선 처리에 신경 쓴다고 했던 행동이다. JP가 보기엔 그게 참 안 좋아 보였던 것 같다. 어쨌든 신경을 써야겠다고 생각했다. 이런 직접적인 충고는 애정이나 관심이 없으면 하지 못하는 법이다. 그래도 나 제법 JP에게 관심을 받는 모양이라고 히죽 웃음이 나왔다.

그런데 사실 지켜본 바로는 나보다 JP는 더 상대의 눈을 바라보지 못한다. 성경 말씀에 "어찌하여 형제의 눈 속에 있는 티는 보고 네 눈 속에 있는 들보는 보지 못하느냐?"고 한 것과 꼭 맞는 상황이었다. 이거야 참, 계급이 깡패라더니.

오기는 이상한 데서 불쑥 튀어나온다. 그때부터 '어디 한번 보자'는 생각으로 JP의 행동을 요모조모 뜯어봤다.

당 대표 전화번호도 모른다고?

우선 JP는 천천히 걷는 법이 없었다. 선거유세 중에도 후다닥 사라졌다. 시장 유세를 할 때 상인들 말도 듣고, 얻어먹기도 하고, 장보기도 하면 30분 이상 걸릴 길을 JP는 10분이면 끝이었다.

나중에 알고 보니 쑥스러워 상인들과 말을 나누는 것이 어색해서였다. 유세 때 여성 상인을 만나면 부끄러워서 음식도 받지 못할 정도였다. 한 번은 시장에서 떡볶이와 오뎅을 받아 쥐고 엉거주춤하게 서서 시선을 어디에 둘 줄을 몰라 했다. '이걸 어떻게 하지?'라고 JP의 머리 위에 당혹스러운 문장이 써진 것만 같았다.

보좌진들이 따라가다 지쳐서 "왜 그렇게 서두르시냐"고 하면 그때야 자신이 너무 빨리 걷고 있다는 걸 깨닫고는 "내가 좀 그렇다" 하면서 겸연쩍게 걸음을 늦췄다.

지방선거와 함께 치러진 노원병 국회의원 보궐선거 지원 유세 때 일이다. 시장통을 지나가면서 악수를 해도 사람의 시선을 피하였다. JP는 유권자 손만 걸치고, 고개는 항상 앞을 향하면서 다녔다. 시선의 문제가 아니라 태도의 문제가 나올 정도였다. 시장에서 거의 빠져나올 때쯤이었다. 어느 여성분이 JP를 가로막았다.

"대표님! 내 말 좀 들어보세요."

그제야 JP의 걸음이 멈췄다.

"왜요?"

"이 정권을 이렇게 둬서 되겠어요?"

"그러게 왜 문재인에게 투표하셨어요?"

"나는 홍준표 찍었는데요!"

머쓱해졌다.

"아즈메, 장사 잘하세요."

할 말이 사라진 JP는 살짝 붉어진 얼굴로 수인사를 건네고는 다시 후다닥 걸었다. 그 모습에 그 여성분이 혀를 끌끌 차며 한탄처럼 말했다.

"아이고! 정치인이 저래 수줍어하네! 아이고 어쩌나!"

그 목소리가 귀에 쟁쟁하게 울렸다.

그날 나는 JP가 유권자를 대하는 모습을 가까이서 처음 보았다. 4선 의원, 경남도지사에 대선후보까지 지냈다. 정치권에서 누구라도 그 정도면 유권자 대하기는 기본 중의 기본일 텐데 어떻게 아직도 저렇게 부끄러워할까?

강한 사람에겐 누구보다 강한데 유권자들에겐 '강한 이미지'만 있을 뿐 실제로는 굉장히 수줍어했다. 그러니 지금까지 얼마나 힘들었을까? 빠르게 사라지는 JP의 뒷모습에서 빨리 이곳을 벗어나고 싶어 하는 심정이 느껴질 정도였다.

조금 더 예전의 기억을 꺼내 보면 2006년 6월, 박근혜 前 대통령이 당 대표직을 사퇴하고 대선 레이스에 돌입했을 때다. 당시 JP는 국회 환노위원장이었다. 그런 JP가 내게 물었다.

"내가 뭘 할까?"

이게 무슨 질문인가.

"우선은 전화로라도 축하하셔야지요?"

나는 망설임 없이 답했다.

"그래? 내가 전화해도 될까?"

의아해하는 표정이 사뭇 당혹스러웠고 그걸 보는 나는 더 당혹스러웠다.

"아니 같은 당 소속 동료의원으로 당연한 거 아닙니까?"

또 머뭇머뭇 질문이 돌아왔다.

"그래도 될까?"

"아니 의원님, 그건 당연한 도리 아니겠습니까?"

"그럴까?"

"상식적으로 판단하시면 됩니다. 대선에 출마하니 잘하시라고 응원하는 것은 누가 나가든 당연한 거 아닙니까?"

"그래."

JP는 결심한 듯 고개를 끄덕이더니 곧장 비서에게 물었다.

"박근혜 대표 전화번호 좀 주라."

거기서 나는 좀 기가 막혔던 것도 같다.

"아니, 당 대표 전화번호도 모르십니까?"

"내가 뭐 전화 걸 일이 있나……."

JP는 변명하며 이윽고 비서가 알려준 전화번호로 통화를 했다. 축하 인사와 덕담이 오가고 통화가 끝났다.

"야, 통화하길 잘했다. 박 의원이 정말 좋아하네."

인사가 오고 간 통화가 끝나고 JP가 순박하게 웃었다. 사이가 나빠서도 아니고 서로 모르는 사이도 아니었다. 단지 확실한 용건 없는 인사치레의 전화 한 통화가 그에겐 정말 어색했던 것이었다.

JP는 겁도 좀 있는 편이다. 검사를 그만두고 얼마 지나지 않아 목욕탕에서 전신 문신을 한 조폭을 마주쳤던 일이 있다고 한다. 전신을 기괴한 동물인지 문양인지 문신으로 뒤덮은 조폭이 성큼성큼 다가와 "영감님, 저 모르시겠습니까?"라고 하는데, 수많은 조폭을 잡아넣었던 JP가 어떻게 그들의 얼굴을 모두 알 수 있었겠는가? 멀뚱히 바라만 보고 있으니 그가 다시 "저 이제 출소했습니다"라면서 눈을 부라렸다.

순간 JP는 얼결에 "문신 조폭도 대중 목욕탕에서 목욕하나?"라면서 그를 정면으로 쏘아보았다. 그러자 상대가 슬그머니 "아니, 그냥 인사드렸습니다"하고 황급히 돌아서서 나갔다. 그가 나가고 JP도 쏜살같이 목욕탕을 나왔다고 한다. 나는 조금 어리둥절했다.

"인사까지 하고 갔는데 왜 그렇게 급하게 나오셨습니까?"

"조폭은 의외로 생각이 단순하다. 인사하고 돌아섰다가도 언제 돌아와 피할 수 없는 일을 저지를지 모르니 얼른 피하는 게 상책이다."

가슴을 쓸어내리는 그 상황을 이제는 웃으며 말하지만, JP도 평범한 사람이었다. 아무리 강단 있는 사람으로 알려져 있어도 JP도 조폭을 보면 피할 수밖에 없었다.

평소 JP의 처신을 두고 대부분의 사람은 "뻣뻣하다, 독선적이다, 오만하다"고 비판한다. 그러나 그는 자신의 성격과 수줍은 내면에 존재하는 두려움을 잘 알고 있었다. 대선이 끝난 후였을 것이다. .

"내가 부끄럽다."

불쑥 JP가 말했다. 이에 나는 반사적으로 답했다.

"그렇지 않습니다."

그러나 JP가 고개를 저었다.

"내가 많이 준비된 사람이라고 생각했다. 4선 의원에 경남도지사를 했다. '이제 국정 운영을 해도 되지 않을까?' 생각했다. 그래서 뛰어들 수 있었다. 그러나 유세를 다니고 TV토론을 하면서 내가 부족하다는 사실을 알았다. 여기까지가 내 역할이다."

이어 잠시 숨을 가다듬었다.

"평생을 승부라는 울타리 안에서 살았다. 늘 막다른 골목이라고 생각했다. 내 삶 자체가 굴곡져 있다. 정말 힘들 때마다 나는 무엇인가 극복하려고 하는 나의 노력에 의미를 부여했다.

지난 대선도 한정된 시간과 제약 속에서 '어디로 갈까? 무엇을 할까?' 고민하며 최선을 다했으나 그렇게 열심히 최선을 다했다고 하는 것만으로는 답이 될 수 없다는 걸 알았다. 이제 무대에서 내려갈 시간이다. 담담하게 부끄럽지만 또 내일을 준비해야겠다."

정말 가까운 사람에게나 꺼내놓을 수 있는 '부끄럽다'는 말이 무겁고 안타까웠다.

변화,
움트다

역사에서 배워야 한다.

크게는 세계의 역사, 나라의 역사지만

작게는 개인의 인생도 하나의 역사다.

사람은 과거의 자신에게서 배움이 있어야 한다.

무엇보다 역사는 기승전결의 맥락이 잘 맞아떨어지는

얼개를 가지고 있어야 한다.

구체적·역사적 상황, 상황에 따른 선택,

그리고 선택의 맥락에 따른 결과도 있다.

한여름 뙤약볕에 바짝 말린 가죽 같은 고집

인생을 되돌아보면 자기도 모르게 자신의 실패한 전철을 되밟고 있는 모습을 볼 수 있다. 다니다 보면 넘어진 길 위에서 다시 넘어진다. 멀리서 그 인생을 관조해보면 사람들은 수레가 엎어지는 것을 빤히 보면서도 그 길로 가서 넘어진다. 실수를 끊임없이 반복한다. JP도 그랬다. JP가 떠난 후 그를 따르는 몇 사람이 모였다.

이구동성으로 '이미지 변화가 없으면 미래가 없다'로 의견을 모았다. 더는 실수할 시간이 없다고 생각했다. JP가 앞으로 어떤 행보를 할지 아직 결정된 바는 없었다. 다만 세상의 시계를 기다린다는 답은 쉽게 흘려들을 것이 아니었다.

한 번 덧씌워진 JP의 부정적 프레임은 벗겨지기 힘들었다. 대선후보에 나섰던 선이 분명한 정치인이었다. 그러나 부정적 프레임은 가도가도 삼만 리 같은 길이 기다릴 것만 같았다. 더욱 통렬한 자기반성과 변화가 절실한 때였다.

우선은 롤 모델을 찾는 것이 우선이었다. 김대중 前 대통령의 정계 복귀 전략인 'New DJ Plan'과 함께 닉슨, 레이건, 처칠, 드골, 맥아더를 선정하고 집중적으로 분석했다.

먼저 JP 초·재선 시절 정치의 중심에 DJ가 있었다. 네거티브로 고생했던 김대중 前 대통령을 집중분석했다. DJ 진영은 DJ의 변화에 초점을 맞추었다. 역대 정권이 만들어놓은 DJ의 네거티브 인식 개선을 위해 중산층 파고들기와 자질론에 초점을 두었다. 포지티브 전략으로 레드 콤플렉스를 극복해 나갔다.

정계 복귀 관련 말 바꾸기 문제, 지역감정 조장자 인식, 용공과 강성 이미지, 대통령병, 고령과 구舊정치인이라는 부정적

요소 해소를 위해 '경륜과 능력, 경제 대통령, 준비된 지도자'라는 이미지 전략으로 정면돌파를 택했다.

인상적인 전략으로는 94년 5월 북핵 위기와 관련 국방비 예산 증액과 북한과 무기 경쟁을 선포하면서 남북문제를 안보를 넘어 경제문제로 연결해 실용적으로 접근하는 전략을 선택했다. DJ는 국민에게 안심을 주는 전략을 일관성 있게 구사하여 호감을 샀다.

리처드 닉슨Richard Nixon은 미국 역사상 가장 실패한 대통령으로 부패와 거짓말의 상징으로 치부되었다. 닉슨 영화를 찾아 닉슨의 삶을 보았다. 닉슨은 누구도 믿지 못했다. 친구도 없었다. 무엇을 함께 이야기할 동료도 없었다. 아예 사람을 만나지 못했다.

대신 닉슨은 가난을 뛰어넘는 수단으로 공부를 선택했다. 하버드 대학에 합격했으나 생활비와 교통비가 없어 포기해야 했다. 대통령 선거에 나서서는 케네디John F. Kennedy와 TV토론에서 맞붙었다가 실패했다. 그의 피해의식이 그의 마음을 황폐화시켰다. 아웃 사이더라는 치명적 의식은 출구가 없었다. 그 부분에서는 JP를 닮았다.

케네디에게 패배 후 야인 생활 8년 동안 처절하게 '늙고 교활하고 음흉한 딕', '빨갱이 잡는 극우' 이미지 개선을 위해 닉슨 팀은 후보의 이미지가 아니라 대중에게 수용된 이미지 변화에 초점을 두고 변화의 방향을 잡았다.

윈스턴 처칠Winston Churchill은 정치 낭인이 되었을 때를 스스로 '혼돈의 시절'이라고 명명했다. 후에 그 시절을 "나는 버려지고 내던져지고 고립되고 거절당하고, 그리고 미움만 샀다"고 고백했다. 그러나 처칠은 원칙과 소신을 견지하면서 시계추가 되돌아올 시간을 끈질기게 버텼다. 그 시간에서 기다림과 재충전이라는 교훈을 얻었다.

샤를 드골Charles De Gaulle은 지도자로서 가망 없는 사람이라고 불릴 정도로 오만했다. 그런 태도를 포장한 것이 '오직 프랑스의 영광'을 추구하는 이미지였다.

야인 생활을 하면서도 당당한 품격을 유지했다. 힘 있는 목소리로 자신의 '오만'을 '자신감'으로 둔갑시켰다. 국민 속으로 들어가 드골은 연출된 자신의 이미지로 프랑스인들의 자긍심을 자극했다. 정치라는 무대에서 연기하는 드골을 JP에게 알려주리라.

로널드 레이건Ronald Reagan의 6년 동안의 야인 생활도 집중하여 분석했다. 보수주의 이념 강화와 포퓰리즘 대처를 마련한 점에 초점을 두었다. 또 자신의 시기가 올 때까지 철저하게 입을 다무는 침묵의 전술이 인상 깊었다.

마지막으로 더글러스 맥아더Douglas MacArthur는 영원한 미국의 군인 상으로 대통령감으로 지목되었으나 철저하게 패배했다. 그 과정에 주목했다. 워싱턴 정가는 맥아더를 만난 후 "사람은 잘났다. 그러나 정치 지도자는 아니다. 대통령 자리에 덤빈다고 되는 게 아니다"는 혹평을 들었다. 그러나 끝까지 초라하지 않게 "노병은 죽지 않는다"는 명언을 남겼다.

DJ, 닉슨, 처칠, 드골, 레이건까지 모두 원칙을 고수하고 패배를 견디고 유랑의 세월을 고통스럽게 감내했다. 그리고 자신의 이데올로기, 이미지를 대중에게 설득하는 방법을 찾아냈고, 성공하여 선거에 승리했다. 맥아더는 실패했지만 초라하지 않은 실패를 보여주었다.

성공한 사람들의 이야기는 많다. 그것도 좋은 참고는 될 수 있다. 그러나 실패한 사람들이 다시 일어난 이야기, 실패를 끝내 극복하지 못했지만 초라해지지 않은 이야기도 의미가 있었다. 그중 JP를 설득할 수 있는 이들을 중심으로 추렸다.

미국의 철학자이자 시인인 랄프 왈도 에머슨Ralph Waldo Emerson은 "궁극적 승리를 얻는 길은 자신의 직관적 판단을 꿋꿋하게 지키며 참고 견디는 것"이라고 말했다.

고심 끝에 결론이 났다. 고난 없는 정치인은 없다. 지킬 것은 지키고 바뀔 것은 바뀌어야 한다. 위대한 정치인들을 보면 상처는 입어도 죽지는 않았다. 다시 일어나 싸우는 의지와 방향이 답이었다.

그러나 막상 JP를 떠올리니 또 막막해졌다. 그는 어떻게 반응할까? 그동안 입버릇처럼 "사람이 갑자기 변하면 죽는다. 이 나이에 뭘 더 바꾸나. 세상이 날 원하지 않으면 떠나면 그뿐이다"를 입에 달고 살았다. 한여름 뙤약볕에 바짝 말려놓은 가죽 같은 그 꼬장꼬장한 고집을 어떻게 넘을까? JP를 만나기 위해 비행기에 몸을 실었다.

비행기에서 나는 크리스토프 바타유Christophe Bataille의 『다다를 수 없는 나라원제: ANNAM』를 꺼냈다. 뒤표지에 적힌 잊힘으로써 죽어간 이들과 잊음으로써 자유로워진 이들의 기나긴 여행. 그들은 망각을 택했고 그 속에서 무한히 존재하는 자신을 느낄 수 있었다는 말이 인상적이었다.

주인공들은 프랑스 대혁명이 일어나자 프랑스 라로셸 항을 떠나 13개월 만에 베트남에 도착한다. 사람들에게 잊힌 채, 그리고 스스로 잊은 채 살아남는 이들의 여행기였다. 인간의 모든 무거운 짐을 내려놓는 일종의 마음 비우기 여행이 감동적인 책이다. 책을 다 읽고 나니 비행기가 활주로에 내려앉았다.

JP도 이렇게 마음을 비울 수 있을까? 우리의 화두는 어찌 보면 단순했다. JP는 소신, 용기, 추진력, 정책, 배우려는 자세 등 준비가 잘 된 정치인이었다. 단, 그놈의 이미지만 빼고!

내일 다시 보자니!

어쨌든 LA는 멋진 도시였다. JP를 만나기 전 나는 도시를 어슬렁거렸다. 이방의 도시를 걷는 것은 언제나 좋은 일이었다. 사람들이 LA를 소개할 때 인간답게 사는 도시, 평화로운 도시에서 사람을 평화롭게 만드는 곳이라고 했다.

LA는 처음이었다. 이방인이 되어 도시 구석구석을 밟아보았다. 도시에서 배어 나오는 느낌과 정취가 서울과 달리 새로웠다. 어느 도시도 야생의 아름다움과 풍요함의 느낌이 이처럼 가까이 있다는 것을 느끼지 못할 것 같았다.

태평양 바람도 좋았다. 12차선 도로는 빨리 흘러갔고, 나를 바다 앞에 내려주었다. 산들은 높지 않았으나 원시적 아름다움을 뽐냈다. 도시의 풍경은 열정적으로 친절했다. 마음의 충격이 조금씩 회복되는 느낌이었다.

서울과 다른 뜨거운 태양에서 '작열하다'는 것이 무언인지 몸소 체험했다. 그 태양에 익숙해졌다. 그렇게 며칠을 보내다 보니 현실을 직시할 힘이 생겼다. 나는 그때야 JP를 찾아갔다.

그곳에서 JP는 영락없는 LA주민 같았다. 너무 편해 보였다. 걱정으로 안절부절못했던 나는 너무 편해 보이는 모습에 약간의 배신감마저 느껴졌다. 내가 날아올 때 상상한 JP의 모습은 처절하고, 고뇌에 차 있었다. 그런 JP를 만나면 '내가 무슨 말을 먼저 꺼내야 할까?'라며 걱정해야 했는데, 그런 예상과 걱정이 모두 소용없을 정도로 편안해 보였다. 달관일까 적응력일까?

어쨌든 장황하게 마련한 보고서를 꺼내 들었다. 한참 보고서를 보면서 향후 행보와 관련해 변해야 한다는 부분에 들어섰을 때였다. 평소에 보이지 않던 표정이 묻어났다.

망설인다고 해야 할지, 머뭇거린다고 해야 할지, 아직 마주하고 싶지 않은 껄끄러운 이를 마주쳤을 때의 표정이라고 해야 할지. 여하튼 그런 표정으로 갑자기 말했다.

"참, 나의 일대기를 담은 '당랑의 꿈' 다 썼다. 그리고 내일 다시 보자."

내일은 친구들과 그랜드캐니언과 후버댐, 라스베이거스를 가기로 했는데 또 보자니!

난감함이 차올랐으나 미국에 온 가장 큰 이유는 JP였다. 군소리 없이 다음 날 또다시 망명객의 집을 찾아 나섰다. 둘째 날 다시 만난 JP의 표정은 밝았다. 헤어질 때와는 달랐다. 그러나 대화를 하면 할수록 내심 하고 싶은 말은 아끼는 것 같았다.

한참 후,

"이미지를 바꿔야 한다, 메시지의 변화가 필요하다, 그거가?"

나는 서둘러 답했다.

"예, 지난 대선과 지방선거에서 덧씌워진 프레임을 벗으려면 어쩔 수 없이 변화해야 합니다. 철저히 국민이 듣고 싶은 말을 하고 말을 아끼고 조급함을 떨쳐야 합니다. 아니 콘텐츠의 쇄신이 필요합니다."

프레임은 어려운 시간을 보내면서 어떤 모멘텀으로 접근하고 벗어던져야 할지 깊이 고민해야 한다고 에둘러 이야기했다.

"현재 국내에서는 나를 어떻게 보고 있냐?"

단도직입적으로 물어왔다. 하지만 즉답은 피하고 싶었다.

"벌써 국내가 궁금하십니까?"

"여기 오래 있고 싶지 않다."

"편해 보이시는데요?"

"아니다, 몸이 편하다고 마음도 편할까. 어쨌든 돌아가야겠다."

JP는 잠시 뜸을 들였다. 무슨 말이 나올지 몰라 잠자코 기다렸다.

이윽고 JP는 내가 예상했던 것보다 더 앞서간 계획을 꺼내놓았다.

"그동안 많이 생각했다. 세상이 변하고 있다. 변하는 세상에 사는 법을 배워야겠다. 그 첫 번째로 1인 방송이다. 유튜브 방송과 싱크 탱크를 설립하자."

JP의 주변인들은 그가 최소한 연말까지 미국에 있으면서 미래를 준비할 것으로 생각했다. 그러나 JP를 만나면서 그의 깊은 내면에서 무언가 변화가 있음을 알 수 있었다. 그의 시선에서 그것을 읽을 수 있었다.

JP와 논의를 마치고 나서는데 야트막한 담장 너머를 꽉 채운 노을이 떨어지고 있었다. 문득 걸음을 멈추고 고개를 돌렸다. JP가 해가 지는 곳을 향해 나란히 서 있었다. 멋진 노을을 배경으로 서 있던 JP가 괜히 시선을 한번 돌리며 "오늘 고맙다"고 짧게 인사했다.

그런 말을 잘하지 못하던 JP였다. 특히 친한 주변 사람들에겐 더더욱 낯간지러워서 못 하는 인사였다. 분명히 JP는 그대로였음에도 무언가 조금씩 변하고 있다는 희망이 움텄다.

유튜브와 싱크 탱크였다. 두 가지 안을 가지고 돌아왔다. 주변 사람들에게 JP의 뜻을 담아 준비를 시작했다. JP가 돌아오기 전에 밑그림을 그려놔야 했다. 마음이 급했다.

JP는 그해 9월 15일, 두 달 만에 귀국했다. 그리고 11월 20일, “최근 국민께서 대선과 지방선거 때 홍준표의 말이 옳았다고 해주시는 말에 힘입어 다시 시작하려 한다”라며 정치 활동을 재개했다.

Episode 4

돈으로도 살 수 없는 것

전직 K 비서관이 들려준 얘기다. 그가 JP를 처음 만난 것은 2007년 초반 국회 환경노동위원장실이었다. 당시 국회 홈페이지를 통해 홍준표 의원실에서 6급 정책 비서를 구한다는 공고를 보고 무작정 지원서를 제출한 것이 JP와 인연의 시작이었다.

그는 면접 일자를 통보받고 의원실을 찾아가니 보좌관 면접 절차도 없이 바로 직접 JP와 독대를 했다.

"학교에서 뭐 배웠나?"

"네! 국제정치와 외교학을 전공했습니다."

이런 식의 간단한 문답이 오갔다.

그리고 마지막에 이어진 질문들은 다소 뜻밖이었다. 대부분 그가 졸업한 지방 사립대에서 있었던 경력들의 내용이었기 때문이다.

이후 합격 통보받고 나서야 그가 의원회관에서 아주 특별한 채용 케이스라는 것을 알았다. 지금도 국회 보좌진은 대부분 기존 보좌진들을 대상으로 일명 '알음알음' 채용되는 경우가 대부분이다. 의원끼리 서로 추천을 하거나 수석 보좌관이 후배들을 끌어모으는 것이 일반적이었다. 그러나 JP는 그의 잠재력과 열정을 믿고 뽑아준 것 같다고 한다.

그가 일하던 17, 18대 국회 당시에는 일명 '김영란법'이 없었다. 매번 명절이 돌아오면 선물과 화환이 엄청나게 들어왔다. 18대 국회에서 JP는 집권 여당 원내대표와 최고위원, 그리고 당 대표까지 핵심 요직을 섭렵했다. 의원실 707호는 축하 화분蘭과 선물로 터져나갈 지경이었다고 한다.

이러한 상황에 JP는 선물이나 화분 상당량을 국회에서 일하시는 분들과 나누라고 했다. 국회 방호원, 미화원, 그리고 의원실을 청소·정리해 주시는 국회 노동자분들을 챙겨드리는 것이 비서진들의 중요한 업무 중 하나였다.

그는 "부친께서 일용직 노동자였기 때문이었는지, JP는 주변에서 일하시는 분들께는 매우 깍듯하고 별도의 용돈까지 챙겨드릴 정도로 마음을 썼습니다. 국회 운영위원장 시절에는 국회 방호원 복장·복지도 특별히 신경 써서 챙기는 모습을 보면서 '생각보다 따듯하고 정이 많은 분이구나'라고 생각했습니다"라며 이야기했다.

물론 의외의 면도 볼 수 볼 수 있었다고 한다. JP는 바둑을 매우 좋아했다. JP는 평소 자신의 바둑 실력을 스스로 자랑스러워했고, 보좌진들도 JP가 엄청난 바둑 고수라고 알고 있었다.

어느 날 국회에서 국회의원들을 대상으로 하는 바둑대회가 열렸고 JP는 장엄하게 출사표를 던지고 대회에 참가했다. 보좌직원들의 응원을 받으며 "내 다녀올게!"라고 큰소리를 치고 의원실을 나서는 뒷모습이 심히 듬직해 보였단다.

직원들은 적어도 4강에는 들어갈 것으로 예상하고 남은 오후 시간은 편안하게(상사가 자리를 비운 사무실은 어디를 막론하고 행복한 법이다) 보낼 수 있겠거니 하며 휴식 및 칼퇴근 계획을 짜고 있었는데…….

그런데 웬걸……. 대회 시작 30분 만에 입맛을 다시며 들어오는 JP를 보며 직원들은 '혹시 두고 온 무엇인가를 찾으러 왔나?' 하고 생각했다. 그러나 역시 예감은 틀린 법이 없다.

멋쩍은지 뒷머리를 긁적이며 자신의 방으로 돌아가 바둑 복기를 하는 모습을 보니 조기 탈락이 분명했다.

확인해 보니, 하필이면 1회전에서 아마 4단의 실력을 지닌 절대 강자 조전혁 의원과 맞붙어 단박에 지고 말았다. 그날 의원실 직원들은 예기치 못했던 JP의 탈락으로 크게 한번 웃을 수 있었다. JP가 사무실 문을 닫자, 다들 한마디씩 했다고 한다.

"의원님도 참 허당이야, 허당~"

***

19대 국회에서 JP가 당 대표로 선출되는 전당대회를 마친 후 그는 국회를 떠나 기업으로 직장을 옮기게 되었다. 당시 JP도 그의 선택을 존중해 주었다. 그러면서 솔직히 여권 실세인

JP가 새로운 직장 고위 임원에게 전화 한 통화 정도는 해줬으면 했다고 한다.

슬쩍 바람을 비쳐 보기도 했지만, 떠나는 직원의 마음을 알면서도 단호하게 거절하는 그 태도가 당시에는 서운하게 느꼈다고 한다. 그러나 지금 와서 생각해보면 JP는 인생의 한참 후배가 새 출발을 할 때 꼭 필요한 것이 무엇인지 잘 알고 있었던 것 같았다고.

"네가 여기서도 잘했기 때문에 거기서도 잘 할 거다."

라며 JP는 담백하게 그를 떠나보냈다. 그리고 그것은 그의 인생의 가장 큰 자산이라고 말한다.

"그때 제가 얻은 것은 존경하는 사람으로부터 인정받았다는 자부심이었습니다. 그건 돈을 주고 살 수 있는 것이 아닙니다. 나이를 먹어가면서 JP가 제게 어깨를 펴고 당당할 힘을 주었음을 알았습니다. 지금도 저는 그런 미래를 쥐어준 JP에게 더 멋지게 살아가는 인생 후배로 기억되고 싶습니다."

이 남자, 할 말은 하고,
맞는 말도 잘한다

JP는 귀국 후 차분하게 기다리면서 민심의 흐름을 지켜보았다.
여전히 文 정부의 지지율은 확고했다.
당시 이런 지지율에 대해 JP는
"당분간 이 흐름을 깨기는 어렵다.
이른바 촛불정신은 反 박근혜 정서인데
나라다운 나라를 만들겠다는 문재인 대통령이
흐름을 지속해 갈 것이다"라고 진단했다.

"이에 대비해 우리가 할 수 있는 것은
우리의 미디어를 확보하는 것이다.
이 미디어의 메시지를 지원해줄 싱크 탱크를 만드는 것이다"
라며 선명한 방향을 제시했다.

TV홍카콜라 & 프리덤 코리아 포럼

나를 포함한 몇몇은 여론을 주시했다. 그리고 유튜브를 통해 이른바 '홍준표가 옳았다'는 동영상들이 흘러 다니는 것에 주목했다. '홍준표가 옳았다'는 민심이 나타나면서 JP의 메시지에 힘이 붙었다. 세상의 세론을 여론으로 연결할 필요가 있었다.

유튜브가 성행하면서 '홍준표가 옳았다'는 영상은 보수 담론시장을 이끌고 있었다. 이른바 소비자 민주주의 시대가 구가한 것이다. 진실과 거짓보다는 '핵잼진짜 재밌다'과 '노잼정말 재미없다'으로 평가의 기준도 바뀌었다. 옳은 말이나 학구적 가르침이 아니라 듣고 싶은 말을 시원하게 해주는 방송이 대세였다.

가짜뉴스도 판치고 거짓이 진실로 둔갑하기도 했다. 이런 시대에 사람들은 더는 자기 생각을 말하지 않았다. 세상의 프레임을 받아들여 반복했다. 스토리텔링이 중요했다.

보수에 이야기를 입혀 주어야 했다. 진위와 선악을 넘어서는 탈脫진실의 시대에서 살아남는 전략이 필요했다. 우리가 믿었던 것은 JP의 유머가 있는 화법과 스토리텔링이었다.

김어준의 나꼼수 방식을 들여다보았다. '세상을 옳다, 그르다'의 세계에서 '좋다, 싫다'의 세계로 끌고 가고 있었다. 그들의 방식은 다분히 감성적이고 말초적인 내용으로 이루어져 있었다. 신상털기를 기본으로 마녀사냥도 이루어졌다. 일종의 정치 선전 머신이었다.

이들의 프레임에 맞서 "세상을 세상 그대로 솔직하게 말하자"라는 원칙을 세웠다.

그리고 "보수의 생각을 합리적으로 전달하자. 보수의 가치와 논리, 철학을 알리자. 있는 그대로의 세상을 말하자. 현실정치를 소재로 콘텐츠를 제공하자. 언론의 편향성과 프레임을 깨보자. JP에게 덧씌워진 막말 이미지를 변화시킬 수 있는 모멘텀을 만들자"라고 논의 끝에 방향을 잡았다.

TV홍카콜라는 2018년 12월 18일 개국했다.

『이 남자 돌아왔다. 할 말은 하고, 맞는 말만 한다.』

슬로건이 결정됐다. JP는 TV홍카콜라를 통해 국민과 직접 소통을 시작했다. 단숨에 10만 구독자를 달성했고 한동안 뉴스를 주도하는 모습을 보였다. 새로운 바람이었다.

JP는 홍카콜라의 메인 작가이자 메인 앵커였다. 정형화된 방송 시나리오는 따로 받지 않았다. 스태프들이 조사해준 자료를 보고 내용을 충분히 이해하고 방송 멘트가 입에 익으면 그때 카메라 앞에 앉았다.

'뉴스 콕News Coke'이라는 프로그램은 10분 내외의 시간을 가지고 스피드하게 사실을 전달하였다. 여기에 JP의 의견을 첨가하는 형식으로 제작되었다. 또 유튜브 시장에 짧은 호흡의 정보를 전하는 새로운 유행을 만들어냈다.

다른 프로그램으로는 전문가들과 각종 현안을 토론하는 '홍크나이트'였다. 처음 '홍크나이트'라는 말은 JP를 희화화하기 위해 만들어진 이미지였다. 6.13 지방선거 패배, 막말 등으로 오히려 文 정부를 돕는다는 식의 언어였다. 하지만 우리는 그것을 뒤집기로 했다.

홍크나이트의 작명은 다들 아는 바와 같이 배트맨 시리즈 중 하나인 '다크나이트'에서 따왔다. 어둠 속에 있지만 알고 보면 정의로운 기사로 탈바꿈하자고 했다. '홍크나이트'를 그대로 쓰자고 한 것은 더는 나쁜 틀 안에서 버둥대지 않고 있는 그대로를 받아들이겠다는 의지의 표현이기도 했다.

프로그램의 이미지는 JP가 좋아하는 처칠의 행보를 다룬 영화 '다키스트 아워'를 벤치마킹했다. 첫 방송은 카이스트 이병태 교수와 경제 현안의 문제를 다뤘다.

자랑은 아니지만……
'홍준표가 옳았다'

TV홍카콜라는 채널을 개설하고, 한 달 만에 구독자 24만 5천 명을 확보했다. 보수의 유튜브 시대를 선도해 나갔다. 뉴스 내용도, 해석도, 예측도 신선했다. 그렇게 영향력 있는 보수 유튜버로 자리를 잡았다. 이에 힘입어 '홍준표가 옳았다'가 광범위하게 재생산, 유포되었다.

우리가 믿었던 대로 JP의 말에는 힘이 있었다. JP는 말의 힘을 일찍 터득했다. 초선 의원 시절에는 대여공격수로 활약했다. 대중 연설을 하면 참석자들의 시선을 한눈에 사로잡았다.

이회창 총재 시절에는 총재 발언 전 주목도를 높이기 위해 항상 JP가 바로 앞 순서로 연설을 할 정도였다. 항시 정확한 어휘를 사용했다. 언어에 운율을 배치했다. 비유도 적절히 구사했다. 수 없는 질곡의 삶을 통한 내공이었다.

시중에 유포되는 '홍준표가 옳았다'는 영상이 조각으로 돌아다니는 것을 보자 마음이 뭉클했다. 특히 주목되는 영상은 2017년 대선 TV 토론회였다.

"트럼프 대통령이 사드 배치 10억 달러 내라는 것은 좌파 정부 들어서면 코리아 패싱하겠다는 뜻입니다."

(17. 4. 28 5차 TV토론)

"김정은 눈치 보며 구걸을 해서는 안 된다. 깡패도 아니고 맨날 상납이나 하고……."(17. 4. 25 4차 TV토론)

"문재인은 당선되면 김정은 찾아간다."(17. 4. 23 3차 TV토론)

"좌파 정권 퍼주기는 핵이 되어 돌아온다."(17. 4. 23 3차 TV토론)

"기업을 범죄시하고 도둑 취급하는 정부가 우리나라 일자리를 만들겠는가? 해외로 나갈 것이다."(17. 4. 23 3차 TV토론)

이후 코리아 패싱은 현실이 됐고, 북한에 대화를 애처롭게 구걸하며 퍼주기를 이어나갔다. 2017년 8월부터 언론은 앞다퉈 '한국 외교가 안 보인다. 코리아 패싱'이라는 기사들이 쏟아졌다.

2018년 2월 노컷뉴스는 "북 대표단 체류에 28억 원 지원, 입장료만 10억 원"을 보도하는가 하면, 文 정권은 남북협력기금 1조 원 편성, 북한에 800만 달러 지원을 결정하며 퍼주기를 이어나갔다.

2017년 9월 3일, 북한은 보란 듯이 수소폭탄을 사용한 6차 핵실험을 감행했다. 2018년 9월 18일 文 대통령은 진짜 평양에 가서 김정은을 만났다. 지금도 냉면을 맛있게 먹던 대통령의 모습이 떠오른다. 그 옆에서 함께 방북했던 기업인들이 북한 고위 간부라는 사람에게 "냉면이 목구멍으로 넘어가냐?"라는 막말을 들었다는 기사도 떠오른다.

2017년 10월부터 '기업의 탈한국 현상 가속화'를 집중적으로 보도했다. 청년 일자리 절벽, 보수 궤멸론 등 JP의 말들은 족집게처럼 모두 사실이 됐다.

멋진 말 시리즈도 제작되어 돌아다니기 시작했다. "지도자는 막말이 문제가 아니라 거짓말이 문제다", "노조를 부정하는 것이 아니라 노조의 부당한 행동을 부정하는 것이다" 등이 대표적이다.

같은 해 12월 26일, 싱크 탱크인 '프리덤 코리아 포럼'을 발족했다. 프리덤 코리아 포럼을 통해 그동안 못다 한 '대한민국의 미래 비전과 정책을 펼치겠다'는 목표를 내세웠다.

이 땅의 지성들과 '네이션 리빌딩Nation Rebuilding' 운동을 전개하겠다면서 '더 좋은 나라 만들기'를 위한 정책 개발에 힘을 기울였다.

형님! 비법 좀 가르쳐 주세요!

이후 JP는 직접 쓴 『당랑의 꿈』을 출판하기로 했다. 원고를 전달하며 "일점일획도 고치지 마라. 심혈을 기울였다"면서 고집스럽게 당부했다. 그러나 출판사에 넘기기 전에 책의 편제와 내용, 제목을 보고 대대적 수술이 불가피하다는 결론을 내렸다.

JP는 그동안 책을 내면서 본인이 쓰고, 교정하고 제목도 결정했다. 그런데 이번의 경우 제목조차 어색했다. '당랑의 꿈'이라니. '당랑'은 '당랑거철'의 고사에서 나왔다는 것은 알지만 그래 봐야 사마귀 아닌가! 무엇보다 제목이 너무 어려웠다.

여담으로 우리가 항시 고쳐달라 부탁하는 JP의 언어 습관 가운데 하나가 '사자성어 절제하기'다. 사자성어는 과거에는 촌철살인의 활달함이 있었으나 요즘 세대에게는 어렵기만 하다. 그동안 그렇게 사용 자제를 권고했으나 아직도 JP의 페이스북은 사자성어로 어렵기만 하다.

2021년 4월 29일 윤여정 여사가 아카데미 여우조연상을 받았다. 수상 과정에서 윤 여사가 대중과 쉬운 말로 소통을 하는 것을 두고 JP는 커다랗게 의미를 부여했다. "쉬운 말로 소통하고 쉬운 말로 세상을 살면 무언가 천박하고 무언가 지적 능력이 모자르다고 폄하되던 시대도 지났다"라면서 이 풍진 세상을 사는 법을 다시금 새겨보았다고 했다.

아마도 쉬운 영어로 세계를 휘어잡는 모습에서 JP도 대중과 쉽게 소통하겠다는 다짐을 하지 않았을까? 사람들이 어려워하는 사자성어를 절제할 수……있겠지?

돌아와서 우선은 책의 '제목 투쟁'이 전개됐다.

"왜 '당랑'입니까?"

"내 살아온 변방의 모습을 잘 보여준다. 나는 사마귀가 거대한 수레바퀴에 맞서듯 세상을 살아왔다. 당랑으로 간다."

"이제 변방 개념은 의식 속에 간직하십시오. 현실 속의 홍준표는 기득권입니다. 당랑은 거리가 너무 멉니다."

설득에 설득을 거듭했으나 저자의 의도를 무시하기도 힘들었다. 결국 제목은 수정되지 않았다.

다음으로는 책의 편제였다. JP는 책을 쓸 때 항상 본인의 성장 과정과 에피소드를 먼저 서술하고 뒤에 자기 정치 철학을 써왔다. 이번에도 같은 형식이었다. 형식을 바꿔서 편집하자고 강력하게 주장했다. 그러나 또 JP의 고집이 나왔다.

"당랑의 꿈이니 꿈의 내용이 먼저 나와야 한다."

이렇게 주장했지만 어디 JP를 토론으로 이길 수 있던가!

"내 책의 편집은 저자 고유의 권한이다."

맞는 말이었다. 어떤 것도 바꾸지 못하고 출판사로 원고가 넘어갔다.

그런데 출판사에서 달려왔다. 출판을 맡은 황 대표는 출판계의 전문가 포스를 풍기며 JP와 마주 앉았다.

"책 제목은 대세에 지장이 없습니다. 그러나 내용은 편집을 새롭게 해야 합니다. 편집에 대한 전권을 주십시오."

내용은 바꾸지 않겠으나 편집은 편집자의 권한으로 인정해 달라고 마라톤 토론이 이어졌다.

물론 JP는 논리적으로 설득하고 그걸 납득하면 생각을 바꾼다. 그러나 한 번 뜻을 세우면 그것을 꺾기란 몹시 힘들었다. 이번 책자 편집 방향에 대한 JP의 의지는 확고했다. 이번 일만은 그의 의지를 꺾는 것이 어렵다고 생각하고 있었다.

그렇게 몇 시간이 지났을까. 황 대표는 보무도 당당하게 편집권을 확보했다. 대체 몇 시간 동안 어떤 격론이 오갔는지 궁금함에 몸이 달았다.

"대체 뭐라고 하셨길래 마음이 바뀌신 겁니까?"

"그냥 출판해본 사람으로서 말했지, 뭐."

"아니, 좀 자세히 말해주세요."

다른 특별한 비법이라도 있으면 배우고 싶었다. 그러나 황 대표는 씩 웃으며 어깨를 툭툭 쳤다.

"나중에 술을 한잔하면서 얘기해. 이제 가서 작업해야 빨리 나와."

그리고는 떠나버렸다. JP는 책의 편집의 전권을 준 뒤부터는 일절 그에 대해 간섭하지 않았다.

그놈의 이미지

JP는 전당대회 출마를 포기했다.

당초 JP는 문재인 정권 체제에 균열이 시작되었다고 보았다.

서민 경제의 붕괴가 시작됐고,

사람 중심 경제의 한계와 허구가 드러나기 시작했다.

최저임금의 급격한 인상과 주 52시간제는 오히려

경제적 약자들을 궁지로 내모는 기폭제가 됐다.

북핵 문제도 南-北-美가 불균형으로 삐걱거리기 시작했다.

추대된 마리오네트*

文 정권이 내세웠던 운전자·중재자 역할의 불신도 깊어졌다. 기본적으로 북핵 폐기 검증의 동상이몽 상황이었다. 여기에 청와대 386그룹과 당내 중도실용파 간의 갈등이 점화됐다. 강력한 대여 투쟁력이 시작되어야 하는 시점이었다.

이때 화려하게 등장한 사람이 바로 황교안 前 대표다. 황 前

* 실로 매달아 조정하는 인형

대표 뒤에는 당연하겠지만 친박 그룹이 존재했다. 점잖은 이미지, 독실한 기독교인, 법무부 장관에 국무총리를 거쳐 대통령 권한대행 출신 등의 이력을 가지고 있었다. 그런 신무기를 장착하고 품위 있게 시나브로 정치에 들어왔다.

황 前 대표는 높은 지지율을 등에 업고 있었다. 당원은 아니었으나 3개월 치 당비를 납부만 하면 3개월 책임당원으로 인정해 피선거권을 확보해 주는 편법까지 등장했다. 6.13 지방선거 때 서울시장이나 선거대책위원장을 고사했을 때와는 다른 적극적 행보였다.

"대여투쟁은 정치 초보가 할 수 있는 게 아니다. 자칫 인형극의 마리오네트가 된다. 당이 개혁하고 총선을 준비해야 하는데!"

JP는 길게 탄식했다. 무엇보다 2019년 2월 27일, 자유한국당의 전당대회가 정해진 그날 하필이면 '싱가포르 북미정상회담'이 열린다고 했다. 통상 야당의 전당대회는 시끄러워야 한다. 경쟁으로 서로 엎치락뒤치락하며 전국을 돌고 그게 바람이 되어 국민의 관심을 받고, 그 안에서 개혁하고 변화하는 모습을 보여줘야 했다.

그래서 JP는 다른 출마자 몇몇과 상의하여 전당대회 일정 연기를 요구했다. 일정 연기가 안 되면 전당대회 출마를 접기로 했다. 당연하겠지만 일정 변경은 거부당했다.

"북미정상회담의 들러리로 전당대회가 전락할 것이다. 6.13 지방선거와 똑같은 패턴이다. 국민이 전당대회에 관심을 가지지 않을 것이고, 그렇다면 계속 '탄핵 정당'이 이미지 속에서 허우적거리고 말 것이다."

그런 전당대회는 아무 소용없는 그들만의 리그에 불과했다. 황 前 대표를 추대하려는 그림이 아니라면 상상할 수도 없는 당의 행태였다. 본인이 한 말을 지키기 위해 JP는 전당대회 출마를 포기했다. 그러나 당의 개혁, 총선 준비 등의 상황은 비관적으로 봤다. 당분간은 TV홍카콜라에 전념하면서 공부를 하며 갈고 닦는 수밖에 없었다.

사실 그때 나는 조금 초조했다. 뭔가에 쫓기고 있었다. 전당대회를 포기하고, 황 前 대표의 지지율이 고공행진을 하고, 점차 JP가 잊히는 것 같아 두려웠던 것인지도 모른다.

정치인에게 잊힘은 사실상 은퇴와 다름없는 상황이라고 생각했다. 한 번 무너진 집을 다시 일으켜 세우는 일은 단시간에 되는 것이 아님에도 그랬다. 두려움, 초조함이 JP를 향했던 것 같다. 나는 무리하게 느껴질 정도로 JP에게 변화를 압박했다.

나를 포함한 측근들은 JP에 대해 "당차고 강직한 것은 좋다. 그러나 지방선거를 거치며 얻은 내상은 반드시 치료해야 한다. 보수로서의 품격 논란, 위장 평화 쇼 파동으로 얻은 反북 인사 프레임과 훼방꾼 이미지, 꼰대, 수구 등 부정적 이미지가 고착됐다"고 봤다.

그리고 "바꿔야 산다. 이대로는 죽는다"를 내걸고 JP를 설득했다. 우리가 보기에 미국에서 돌아온 이후 JP의 변화는 너무 더딘 것이었다. TV홍카콜라로 의상과 메이크업 등에 대한 거부반응이 많이 줄었으나 화법 등에서는 뚜렷한 진척이 없다고 답답해했다. 사람이 한순간에 바뀔 수 없다는 것을 알면서도 그랬다.

의식과 가치관 문제도 과감하게 건드렸다. 그동안 외곽, 아웃 사이더, 독불장군, 야생마, 당랑 등 변방 인식을 바꾸자고 했다. 이와 함께 주류, 중심, 역사의 수호자 이면에 변화를 주도하는 자세로 바꿀 것을 주문했다.

친북 반대의 굴레를 벗고 성장, 복지, 분배, 북핵 등 전통적 담론뿐만 아니라 인권, 난민, 페미니즘, 갑질, 다문화, 저출산 이슈 등도 상당한 내공을 가져야 한다고 주장했다.

인식 변화를 위해 다양한 전문가의 의견을 청취하고 세상이 아니라 내가 먼저 바뀌어야 한다는 특단의 각오를 요청했다. 인물 네트워킹도 새롭게 해야 한다는 당위성도 설파했다. 이때 일종의 '간언諫言문'까지 건넸다.

인간은 신神이 아니다

길고 긴 '간언문'에 대한 답은 없었다. JP가 읽고 어떤 생각을 했는지는 아직도 오리무중이다.

나는 프리덤 코리아 포럼의 사무실 이전으로 물리적 거리감이 생겼다. TV홍카콜라야 촬영 때문에라도 자주 JP가 방문했겠지만 나는 멀어진 만큼 대면의 기회가 사라졌다. 별도의 사무실을 운영하기 시작하면서 점차 개인적 용무를 보는 날이 많아졌다.

한동안 JP와는 특별하게 만날 일이 없었다. 그러다 스위스의 마터호른과 프랑스, 이탈리아, 스위스에 걸쳐있는 몽블랑 트레킹을 갔다. 트레킹을 하면서 문득 JP가 떠올랐다. 새로운 것을 찾았을까? 변했을까? 그동안 JP를 까맣게 잊고 지냈다는 것을 깨달았다.

트레킹 코스가 거의 끝나갈 즈음이 되어서야 핸드폰을 켰다. 가족들에게 현재 어디쯤 있다고 알리고 아름다운 풍경을 공유하기 위해 사진을 보낼 때 외에는 내내 꺼져있던 폰이었다.

트레킹을 하면서 틈나는 대로 유튜브에 접속했다. 홍카콜라를 진행하는 JP는 여전히 좋은 입담을 가지고 있었다. 마지막으로 보았을 때보다 편해 보이기까지 했다. 무엇보다 이젠 분홍색 셔츠도 입고, 잔 꽃무늬 셔츠도 입고 있었다.

나이 듦과 변화의 속도는 반비례한다. 그것을 잊고 있었다. 무리하고 섣부르게 세평이라는 것을 검증 없이 전달하고 닦달

했다. 단점이 있다면 분명히 장점도 있는 법인데 그간 '장점'이라고 생각하고 믿고 있던 것들을 외면했다.

시간을 길게 잡고 강함과 약함을 보완하는 테크닉이 내게는 없었다. 초록은 동색이라고 JP와 함께 지내다 보니 뭐든 밀어 붙여버리는 것을 닮아버렸나, 그런 생각까지 들었다.

지나고 보니 답이 보였다. 세상에 완벽한 사람은 없는데, 나는 JP를 향해 단점만 나열하는 사람들과 마찬가지로 단점 없는 완벽한 '신神'의 존재가 되라고 요구했다. 완벽한 사람은 없다. 단지 자신의 부족함을 알고 있는 사람과 잘 모르는 사람, 그리고 알고 나서 고치는 사람과 안 고치는 사람이 있을 뿐이었다.

1m에서는 나무가 보이고 100m에서는 숲이 보인다

JP를 다시 본 건 2019년 10월 3일, 광화문에서였다. 물론 직접 만난 것은 아니었다. 나는 그날 광화문에 있었고 멀리서 무대에 오르는 모습을 봤을 뿐이었다.

조국 사태로 인해 민심이 폭발했다. 언젠가 JP가 "조국은 나대면 칼 맞는다. 조국을 임명하면 文 정권은 망하는 길로 간다"라고 했던 말이 떠올랐다. 광화문, 청계천이 가득 찼다. 날씨는 기가 막히게 좋았다. 발 디딜 틈이 없었다.

광화문 앞에서는 '자유한국당'의 집회가 진행되고 있었다. 이럴 때조차 스포트라이트를 받으려고 집회를 여는 당의 행태에 혀를 찼다. 이런 건 시민들에게 맡기는 편이 나을 텐데, 우파 정당은 역대로 보면 그게 잘 안 되었다. 그것도 앞으로 개혁해 나가야 할 부분인 것 같았다.

종교행사가 있고 난 뒤 무대 위로 JP가 등장했다. 품에서 종이를 꺼내 펼치고, 잠시 침묵이 흘렀다. 그리고 곧 격정적인 JP의 목소리가 터져 나왔다.

"국민의 이름으로 대통령 문재인을 파면한다!"

첫 문장에서 소름이 돋았다. 일명 「국민탄핵결정문」이었다. 국헌문란죄, 민생파탄죄, 국민분열죄, 여적죄 등이 나열됐다.

한 단어 한 단어 힘을 주어 읽었다. 마지막에 한 번 더 주문을 선고했다.

"국민의 이름으로 대통령 문재인을 파면한다!"

설령 진짜로 파면당하거나 탄핵 되지는 않겠지만, 마음속에서는 충분히 거듭할 수 있는 선언이었다. 광장이 흥분했고 깃발이 나부꼈다. 어떤 참가자는 눈물이 그렁그렁했다. "역시 홍준표다, 속이 다 시원하네!", "녹슬지 않았어!"라고 손뼉을 치면서 환호했다. 그 말이 내게 하는 말도 아닌데 뿌듯하게 들렸다.

선언문을 읽고 잠시 자리에 앉았던 JP가 무대에서 내려갔다. 나는 멀찍이서 JP의 동선을 지켜보았다. 한동안 JP와 떨어져 지내서인지 앞에 나서기가 어색했다. 인산인해로 눈길조차 마주치기 힘들었다. 그 거리감이 어색함으로 무겁게 다가왔다.

어쩔 수 없이 한 발 떨어져 있으면서 스스로에게 물었다.

"언제까지 쉴래?"

이후 TV홍카콜라가 잠실에 자리 잡았다는 소식을 들었다.

몇 차례 찾아가려고 했으나 발길이 떨어지지 않았다. 사람의 심리가 참 묘하였다. 한 번 발길이 멀어지자 다시 발을 들여놓기가 쉽지 않았다. 무엇보다 JP는 내게 변화에 대한 어떤 답도 주지 않았다.

이솝우화가 떠올랐다. 갈대와 참나무가 서로 힘자랑과 참을성을 자랑했다. 참나무는 갈대를 보고 허약하고 바람에 쉬이 굽는다고 꾸짖었다. 강풍이 몰아쳤다. 갈대는 강풍의 방향에 따라 휘어지면서도 견뎠으나 참나무는 부러졌다. 인생은 갈대의 지혜를 배워야 했으나 현실은 참으로 어려운 법이었다.

따지고 보면 JP는 참나무에 속했고 나는 갈대에 속했다. 만약 예전이었다면 먼저 가서 섭섭함을 이야기하고 털어냈을 것이었다. 그런데 이번엔 그게 되질 않았다. 내게도 그런 고집이 있는지 처음 알았다.

게다가 한 걸음 떨어져 제삼자의 눈으로 보자 JP의 모습이 더 잘 보였다. 1m에서는 나무가 보이지만 100m 밖에서는 숲이 보이는 것과 같은 이치였다. 나는 더 그것을 보고 싶었다.

보수의 인천상륙작전

어느덧 연말이 됐다. 초대받은 시민단체 행사에 들렀다. 행사장에서 식전 행사를 마칠 즈음 입구 방향에서 웅성거림이 일었다. 누군가 들어오고 있는데 사람들에 에워싸여 있었다. 여기저기 악수를 요청받는 사람의 잔영이 익숙했다. JP였다.

'이런 행사에 어쩐 일이지? 이런 행사에 오는 양반이 아닌데' 생각하면서도 눈이 떨어지지 않았다. 헤드 테이블에는 지금도 기억나는 사람으로 김병준 前 비대위원장과 김종인 前 비대위원장이 앉아 있었다. 세 사람은 서로 인사하면서 이런저런 이야기를 나누고 있었다. 그러다 눈이 마주쳤다. 나는 어쩔 수 없이 JP에게 다가가 인사를 했다.

"오셨습니까?"

"왔냐?"

하고 답이 돌아왔다.

서로 마주쳐버렸으니 행사 중 적당한 때 일어날 JP에게 인사를 드리는 게 도리라고 생각했다. 그런데 그날 JP는 한 시간

이상을 앉아 있었다. 식사 자리까지 마무리가 되자 JP가 일어났다.

급히 따라 나가자 JP는 기다리던 지지자들과 사진을 찍고 있었다. 모처럼의 외부활동이라서 그런지 유난히 지지자들이 많이 모여있었다. 행사장 밖에서 또 20여 분이 흘렀다.

JP를 기다리면서 기다리는 게 맞는 건지, 아닌 건지 고민이 됐다. 그래도 발이 움직이지 않았다. 마침내 JP가 차에 올라탔을 때였다. 문이 닫히기 직전 그간 아무 일도 없었다는 듯이 "행사 끝나면 집으로 와라" 하고 떠났다.

나중에 들으니 TV홍카콜라 사무실이 잠실에 있을 때 JP는 틈만 나면 걸었다고 한다. "일단 한 발을 내디디면 걷기에 빠졌다. 걷다 보면 생각이 정리되고 머리가 맑아지고 좀 더 단순하고 명확해졌다. 걷는 만큼 몸이 맑아지고 생각이 멀리, 깊게, 넓어지는 느낌이었다"고 했다.

무엇을 생각하셨냐고 물으니, 페북 소재도 고민하고 기다려야 한다는 단순한 진실도 생각했다고 한다. 그리고 걷고 걸으면서야 자신을 뒤돌아보고 또 한 편으로는 '변해야겠다'라는 스스로 다짐을 굳힐 수 있었다고 했다.

'변화'의 당위성을 이성으로는 알고 있었으나 사람의 선택이라는 것은 이성이 아니라 마음이 하는 것이다. 머리로는 변해야 한다는 것을 아는데 마음이 그것을 제대로 못 따르니 아마 JP도 괴로웠으리라. 그것을 걷고 또 걸으면서 다짐을 하고 마음을 굳힐 수 있었다고 한다.

그렇게 근 8개월 만에 JP와 다시 마주 앉았다.

행사가 끝나고 약간 망설임이 있었다. 진짜 가도 되는 것인가? 가서 무슨 얘기를 꺼내야 할까? 정리가 되지 않았다. JP의 집에 도착해 마주 앉았다. 잘 지내셨냐, 어떻게 지내셨냐 등 입에서 맴돌던 말이 나오기도 전에 먼저 화두를 던진 건 JP였다.

"최근 돌아가는 판부터 얘기해 보자."

마치 어제까지 얘기하던 것을 이어서 하자는 투였다. 최근 상황, 향후 행보 등을 숙고해 앞으로 얘기해 보자고 했다. 시국 정담을 나누는 동안에도 안부의 인사 같은 건 없었다. 지난 8개월이 없는 시간인 것 같았다. 지금 다시 생각해봐도 아리송하면서도 JP다운 순간이었다.

그렇게 해서 흩어졌던 사람들이 다시 모였다. 우선 나는 정국 상황부터 분석했다. 지난 한 해 동안 보수는 아스팔트를 전전했다. 그러나 여전히 낙동강 전선에 갇혀있었다. 낙동강 전선을 돌파하려면 '인천상륙작전'과 같은 전략이 필요했다. 우리는 '보수의 인천상륙작전 프로젝트' 보고서를 작성하기 시작했다.

보수 우파는 여전히 낙동강 전선에 묶여 있었다. 영남 보수, 중장년층 보수와 같이 전통적 지지층에 고착되어 있었다. 文 정부의 실정에도 보수의 확장에 실패했다. 무당파가 늘어났어도 보수의 지지로 연결되지 않았다.

보수 우파 진영의 이합집산은 가속화되어 갔다. 그러나 보수 세력은 이를 엮어낼 리더십을 갖고 있지 못했다. 지지층을 결집할 만한 정치적 아젠다와 슬로건도 없었다.

지난 10년 동안 진보의 정책 아젠다를 비롯 투쟁 방식까지 모방했지만, 모방은 모방에 그쳤을 뿐이었다. 보수는 진보를 결코 뛰어넘을 수 없는 전장에서 투쟁하고 있었다. 승리의 기약이 없는 소모전만 거듭하는 것이 흡사 6.25 전쟁 초기 낙동강 전선과 유사했다.

보수는 진보의 답습을 중지해야 했다. 진보 진영의 허를 찌르는 기습과 반전의 계기가 필요했다. '정치적 인천상륙작전'으로 무엇을 해야 할까? 우리는 저성장, 고실업 시대 최대 피해자인 젊은 층을 바라보았다.

지금도 마찬가지지만 젊은 층, 특히 20~30 남성 세대는 페미니즘 담론에 함몰되어 있었다. 이를테면 가사 노동과 육아 분담 문제부터 잠재적 성범죄자의 낙인, 조직 내부에서의 인위적 여성 배려 정책으로 직장·생활·담론 영역에서 배제되자 반감이 심화하고 있었다.

무엇보다 여성에 대한 패배감과 군대 문제 등으로 인한 피해의식, 한남충으로 조롱받으면서 정서적 저항감이 심해지고 있었다.

반면 20~40 여성은 '페미니즘'이라는 정치 언어와 담론을 확보했다. '페미니즘 정부'를 표방한 文 정부의 정책들도 한몫했다. 각 정당도 여성 할당제, 여성 우대 정책, 여성단체 지원에 적극적이었다. 게다가 여성은 페미니즘 문화 콘텐츠의 소비, 확산의 주체가 되었다.

좌우의 날개가 균형이 맞아야 새가 창공을 날 수 있듯이 남녀 또한 서로 균형을 맞춰나가야 한다. 서로 적대적으로 될수록 혐오와 갈등의 골이 깊어지고 해결의 방법은 찾을 수 없게 된다. 차별은 없어야 하는 것이 맞지만 차이를 인정하지 않는 것은 후에 많은 생채기를 남길 뿐이다. 그렇다면 이것을 어떻게 접근해야 할까?

그러나 돌고 돌아 결국은 다시 이미지의 문제로 돌아왔다. JP는 전당대회 출마를 포기하면서 어둡고 긴 터널 속에 있었다. "홍준표의 강점을 강하게 어필하자. 어차피 못 바뀐다면 강점을 두드러지게 하는 것도 방법이다"라는 것이 결국 우리의 결론이었다.

또다시 이미지 문제로 목소리를 높이고 싶지 않았다. 이미 공론화된, JP도 알고 있는 철이 지난 타령에 지나지 않는다. 무엇보다 콘텐츠도 없는데 이미지만 강조하면 자칫 속 빈 강정이 될 수 있었다. 젊은이들에게 희망을 줄 수 있는 콘텐츠를 만들고, 그것을 전달하기 위한 이미지는 나중에 논의하기로 했다.

"홍준표가 젊은 층과 소통한다."

그렇게 가기로 했다. 그러는 사이 시간이 총알같이 흘렀다. '총선'의 시간이 시시각각 다가오고 있었다.

Episode 5

도시락에서 자장면까지

JP는 TV홍카콜라를 시작하면서 대부분 점심은 스튜디오가 있는 사무실에서 먹었다. 그날도 어김없이 JP는 짬뽕, 나는 자장면을 시켰다. 점심을 먹고 나서 자연스럽게 JP의 오래된 보좌관들과 이런저런 얘기를 나눴다.

"형님 기억하세요?"

"뭘?"

"예전에 의원회관에서 대표님과 도시락 드셨잖아요?"

"그런 시절이 있었지."

갑자기 그때의 도시락을 떠올리자 약간 인상이 찌푸려졌다. 항상 도시락이었다. 가격도 기억난다. 1만 5천 원짜리 도시락. 많이 먹고 잘 먹고 맛있는 걸 좋아하는 내게 사각의 도시락은 좋아하기 힘든 메뉴였다.

"이제 와 생각해보니까 대표님이 선견지명이 있으세요."

"왜?"

"형님을 미리 알아보고 특별대우 해주셨잖아요. 저희랑 먹을 때면 늘 자장면만 드셨는데, 형님 오시는 날만 꼭 1만 5천 원짜리 도시락을 시키라고 하셨거든요. 뭐, 지금은 자장면으로 강등되셨으니까 별론가?"

보좌진이 농담처럼 말하고는 웃었다. 나는 내심 놀랐다. 그게 나를 소홀히 한 것이 아니고 오히려 나름대로는 나를 챙긴 것이었다. 자신은 늘 자장면을 먹었으면서도 손님인 내게는 그래도 좋은 밥 먹이겠다고. 근 20년 만에 알게 된 사실에 코끝이 찡했다.

물론 지금은 자장면으로 강등된 것 같지만.

그렇게까지 하겠느냐

제21대 총선의 처음 분위기는 좋았다.
文 정부의 경제·외교 정책 실정의 반사이익과 함께
초유의 감염병인 '코로나-19'에 대한
초기 방역 실패 문제가 두드러졌다.
당에서 공천만 잘하면 총선에서
제법 의미 있는 의석수를 확보할 것으로 봤다.

정적의 칼춤

JP는 "또다시 바닥부터 새로 시작한다"라면서 총선 출마지역을 두고 여러 가지를 고민했다. 당시 황교안 대표는 JP의 대중성을 본인의 대권 가도에 최대 걸림돌로 생각하고 있다는 정보가 여러 루트를 통해 전해졌다.

황 대표는 JP만 낙선해 정치에서 물러나면 본인의 행보에 거칠 것이 없다고 본다는 소식들이었다. 어디를 가든 공천 탈락이 예상됐다. 그렇다면 최악의 상황에서 무소속으로 출마해도 당선이 가능한 지역을 찾는 것이 정답이었다. 정치인에게 그런 곳은 단 한 곳, 고향뿐이었다.

JP는 "총선 후 새로 시작한다"는 결의를 다졌다. 나는 당의 뜻을 파악하고 조금 더 결정을 미루자는 보수적 입장이었다. 그런 내게 '눈치 정치 안 한다'라는 답변이 돌아왔다.

"나는 홍준표 정치를 한다. 힘들어도 내 길을 간다. 여기서 눈치 보고 당에 기대를 걸고 걸음을 멈추면 명분을 잃는다. 새장을 벗어나면 푸른 하늘이다."

최악의 경우까지 생각한 말이었다. 그렇다고 아주 당을 무시할 수도 없는 노릇이었다. 당과의 밀당이 시작되었다. '수도권 험지'를 요구하는데 딱히 어디를 가라는 정확한 말도 없었다. 무조건 '수도권 험지'였다.

그러나 정치를 조금이라도 아는 사람이면 누구나 알고 있었다. '수도권 험지'에 가더라도 당의 지원이나 응원은 기대할 수 없다는 것을. 무엇보다 '수도권 험지'를 간다고 한들 공천을 해줄 것 같지도 않았다. 당시 당의 분위기가 그랬다.

게다가 여권은 文 대통령, 김경수 경남지사, 조국 前 장관 등 이른바 부산·경남 지역 출신들이 정권의 핵심 역할을 담당하면서 부·울·경이 흔들리고 있었다. 낙동강 전선에 갇힌 보수가 낙동강 전선까지 흔들리면 답이 없었다. PK 사수론이 힘을 받고 있었다.

얼마 지나지 않아 결론이 났다. '고향'으로 가자. 나도 고향에서 한 번 출마해보자. PK 사수의 적임자, 풍패지향豐沛之鄕, 제왕의 고향으로 시작하자고 결의를 다졌다. 그때까지만 해도 JP는 "이 당은 내 뿌리다. 한 번도 떠나겠다고 생각해 본 적 없다. 내가 내 발로 나가지 않는다. 버틸 때까지 버틴다"는 입장이 확고했다.

1월 22일 황교안 당 대표는 전직 당 지도부와의 오찬에 JP를 초청했다. 나올 얘기는 뻔했다. '수도권 험지로 가라'는 요청을 할 자리였다. 이미 고향에 가기로 한 마당에 만나도 할 얘기가 없었다. JP는 참석하지 않았다.

다음은 김형오 공관위원장이 움직였다. 그는 밀양에 방문하며 JP를 달래는 제스처를 보냈다. 그리고 창녕·밀양보다는 양산 출마를 은근히 암시했다. 양산을 지역은 민주당 김두관 前 의원의 출마로 자유한국당 열세 지역으로 분류되고 있었다. 당은 JP를 양산을 지역으로 유도했고, 그곳이 막다른 골목으로 보였다.

김형오 공관위원장과 황 대표는 양산을에 딱히 대안을 내놓지 못하는 상황이었다. 여러 정황적 상황들이 더욱 양산을 출마를 부추겼다. 편하게 고향에서 당선되려 하느냐는 여론도 무시할 수가 없었다. 결국 JP의 입에서 양산을 출마 문제를 검토해보자는 말이 나왔다.

나는 양산을 지역을 밑바닥부터 훑기 시작했다. 김두관 전 의원이 밑바닥을 선점하고 있었다. 선거 운동방식도 저인망식으로 호남 출신과 소상공인 중심으로 점점이 연결되어 있었다. 다만 김두관 전 의원은 일명 '친문성골親文聖骨'이 아니었다. 경남 도정을 망치고 대선 나가겠다고 중간에 그만둔 인물로도 알려져 있었다. 세평이 나빴다.

JP가 공천을 받을 경우 '홍준표 對 문재인'으로 선거 구도를 만들 수 있었다. 더욱이 양산을은 부산에 인접해 부산에 대한 소외감이 있었다. 큰 인물 대망론이 살아있는 지역이었다. 양산을은 열심히만 하면 승산이 있는 지역이라고 예상했다. 밀양·창녕은 절대 안 된다고 공개적으로 공천 배제를 당했다.

한편 중앙에서는 시민단체가 주도한 대통합신당의 밑그림이 그려지고 있었다. 본디 정치권의 통합신당이 창당되면 다음으로는 공천심사위원회가 새로 구성되어야 했다. 그러나 야권 통합이 되고 '미래통합당'으로 당명이 변경되었어도 '김형오 공관위'가 유지됐다. 미완의 통합이었고, 반드시 '김형오 공관위'가 유지되어야만 하는 이유가 드러났다.

2020년 2월 20일, JP는 공천 면접장에 들어섰다. 나중에 현장에 함께 갔던 비서에게 들으니 면접 대기실에서 이름표를 어색하게 만지고, 차례가 되어 복도를 홀로 걷는데 그 뒷모습을 보니 도저히 발이 떨어지지 않아 따라갈 수가 없었다고 했다.

공관위원들에게 90°로 깍듯하게 인사를 하는 사진을 보았다. 순간 울컥했던 것은 공천이 이렇게까지 힘들었던 적이 없기 때문이리라. 면접이 끝난 후 공관위원들은 JP의 면접 태도와 발언을 두고 적대시하는 코멘트를 언론 등에 흩뿌렸다. 마치 입이라도 맞춘 듯 똑같은 말들이 넘실거렸다.

공천 면접 때문에 JP는 서울에 왔다. 온 길에 황교안 대표가 출마한 종로 지역 방문을 타진해 보았다. 역시 거절당했다. 양산에 내려가 공천 결과를 기다렸다.

JP는 배수의 진을 쳤다. “양산에서 두 번째 공천 배제를 당한다면 정계 은퇴나 무소속 출마의 선택을 할 수밖에 없다”며 면접까지 마친 상황에서도 계속되는 수도권 험지 출마 요구를 일축했다.

노련미의 차이일까? 아니면 원숭이도 나무에서 떨어질 날이 있었다고 해야 할까? JP가 의외로 사람을 잘 믿는 정치적 의리와 순진함이 있었다고 해야 할까? “김형오 공관위원장과 황교안 대표를 믿지 말라. 그들은 또 다른 그림을 그리고 있을 것이다”라는 말이 있었으나 JP는 “그렇게까지 하겠느냐”라고 일축했다.

2월 22일 김형오 위원장은 공천 정국의 조기 안정 필요성을 역설하면서 당은 JP가 돌출 행동을 할 때 보고만 있지 않겠다는 경고를 날렸다. 그러던 중 2월 29일 김태호 前 의원이 공천에서 탈락했다.

나는 김태호 前 의원의 공천 탈락을 보면서 “거기에 대표님까지 공천 탈락시킬 경우 정치적 부담이 상당할 겁니다”라는 논리로 JP에게 아직 공천 탈락을 확정 지어 생각하지 말 것을 주문했다. 그러나 김태호 前 의원의 탈락에서 JP는 다른 것을 느낀 듯했다.

"고맙다. 그러나 황교안은 그런 정치적 부담을 생각하지 않을 것이다. 그저 김 위원장의 칼을 빌려 정적을 치는 데만 집중할 거다."

냉정하게 현실을 직시하는 순간이었다.

탈락…… 탈락…… 허허, 탈락이라

3월 1일부터 4일까지 나흘 동안 정말 많은 말이 춤을 추고 다녔다. 짧지 않은 시간을 살았지만 이렇게 일희일비一喜一悲라는 말을 처참하게 체험하기도 처음이었다. 세상이 무섭고 정치가 무섭다는 생각이 들었다.

JP는 정치인으로서 한 당에 25년간 있었던 사람으로서 당 지도부와 공관위원회에 마지막 읍소를 했다. "경선할 기회라도 달라. 지난 25년간 헌신한 당이 왜 이렇게 혹독합니까? 단

한 번도 당적을 이탈하지 않은 저를 시험에 들게 하지 말게 해달라"고 호소했다. 당의 답을 기다렸다. 그러나 아무런 답이 없었다.

3월 4일 저녁, JP는 인내심의 한계에 도달해 보였다. "오늘은 말이 참 많았습니다. 여태 참고 기다리다 지친 하루였습니다"면서 마침내 "참 야비한 정치를 한다"고 원망에 가득 찬 말을 던졌다.

3월 5일 아침이 됐다. 아침부터 사람이 모였다. 모인 사람들이 웅성웅성하며 "공천 확정 아니겠나?"라며 희망찬 말이 넘실댔다.

날은 좋았고 "홍준표 외에 답이 있나? 설마 김두관을 두고 당이 그렇게까진 못한다. 양산을 버리고 가겠나?"는 의견이 다수였다. "양산을 버리더라도 홍준표를 죽이는 모양새가 되면 이번 총선은 참패다"라는 말도 일리가 있었다.

그때 JP의 전화가 울렸다. 김형오 위원장이었다. JP는 전화를 받았다. 무슨 말이 오갔을까. JP의 입이 다물어졌다. 전화를 끊고 얼마 지나지 않아 공천자 명단이 발표됐다. '홍준표'가 없었다.

별안간 사무실은 정적 속에 파묻혔다. 소리가 사라진 세상이었다. 그러더니 하나둘 그림자가 사라졌다. 시간이 무겁고 깊게 가라앉았다. 방금까지 웅성웅성하던 사람들이 보이지 않았다. 모두 어디로 갔단 말인가?

한참 후 어디선가 자동차 경적이 울렸다. 창문 틈으로 바람 소리가 흘러들었다. 다시 시간이 흐르기 시작했다. 빽빽하게 모인 일 초가 일 분이 됐다. 느리고 무겁고 버거운 시간이었다.

JP가 일어났다. 여기저기 서성이면서,

"탈락…… 탈락…… 허허, 탈락이라."

아무도 없어 텅 빈 사무실에 그 허망한 목소리가 가득 차올랐다. 바늘 하나 들어오지 못할 밀도의 허탈감이 공기조차 밀어낸 것 같았다.

공천 탈락을 어느 정도 예상했다. 마음의 준비도 했다고 생각했다. 그러나 현실이 되자 충격과 배신, 허탈함과 막막함에서 한동안 벗어날 수가 없었다. 누군가 숨을 크게 쉬는 모습이 들어왔다. 땅이 꺼질 듯한 한숨 소리였다. JP였다.

"어떻게 한다……. 무엇을 해야 하나……."

질문이 아니라 답이었다. 어떻게 할지도, 무엇을 해야 할지도 알 수 없는 순간의 자조감이 중력보다 무겁게 끌어당기며 좌절하라고 속삭였다.

유랑 극단이면 어떠랴,
어차피 선거는 축제다

JP의 말대로 제21대 총선은 유랑 극단 선거였다.
밀양·창녕에 천막을 쳤다가 걷어내고,
양산에 천막을 쳤다가 '공천 탈락' 통보를 받았다.

'공천 탈락'

4글자짜리 통보가 가지는 압박감으로 숨도 쉬기 버거웠다.
누구도 자신을 지키기 어려운 상황이었다.
오죽하면 숨 몇 번을 거칠게 몰아쉰 사이
사무실이 텅 비어버렸을까.

밥이나 먹자

아마추어와 프로의 차이는 위기에 대처하는 방식에 있다. 삶에 예기치 않은 순간이란 언제든지 존재한다. 혼란을 바라는 사람은 없다.

그러나 막을 수 없는 것 또한 인생의 한 부분이다. 그 막을 수 없는 위기의 상황에 어떻게 대처하는가는 경험 속에서

체득하는 것이다.

시련이 닥쳤다고 어둠 앞에서 길을 잃고, 별안간 뒤틀린 삶의 궤도를 견디지 못하는 사람도 있다. 스스로 통제할 수 없어서 공황恐惶 상태에 빠지는 사람이 있는가 하면, 그 위기에 정면으로 부딪쳐도 한 걸음 앞으로 나아가는 사람이 있다.

"강한 자가 살아남는 것이 아니라 살아남는 자가 강하다."

옛말이기도 하고 JP가 자주 쓰는 말이기도 하였다. 시련은 살아가는 훈련이고, 훈련은 자신을 강하게 단련시켰다. JP와 함께 지내면서 그 많은 파고를 어떻게 견디는지 보았다. 파고 하나를 넘을 때마다 스스로 가다듬는 것을 지켜보았다.

'공천'을 받아 선거에 뛰어야 하는 사람이 '탈락'이라는 두 글자로 길을 잃었다. 상실감, 배신감, 허탈감, 좌절감. 어떤 '감'을 붙여도 좋을 순간이 아니었는가?

역시 JP라고 생각한 건 회복의 시간 차이 때문이었다. 아직도 정신을 차리지 못한 나와 달리 잠시 허망하게 중얼거렸던 JP가 입을 뗐다.

“양산을 포기하자. 공천 탈락을 인정하자. 돌이킬 수 없다. 이제 새로운 전장으로 떠나자.”

유랑 극단의 천막을 또 걷으라고 했다. 그 말을 끝으로 한참의 시간이 흘렀다. 막다른 골목, 여기서 무슨 선택이 있을 수 있을까. 누구도 섣불리 물을 수도 없었고, 의견을 내놓을 수도 없는 상황이었다.

“밥이나 먹자.”

‘한번 지나간 끼니는 영원히 돌아오지 않는다’라며 어떤 상황에서도 굶지 않는 JP의 말이었다. 밥이 넘어갈까 싶었지만 의외로 술술 넘어갔다. 어지간히 뱃속에 탄수화물도 채워지고, 따뜻해지니 조금씩 생각이 돌아오고 있었다.

“내 이런 선거는 처음 겪는다. 그래도 홍준표답게 돌파한다.”

저녁을 먹던 JP가 정적을 깨뜨렸다. 우리에게 하는 말인지 스스로 하는 다짐인지 모르지만, 그 한마디에서 또 한 걸음 나아가려는 것을 보았다. 식사가 끝나고 밖으로 나왔다. 양산은 남쪽이라 따뜻하다고 생각했는데, 그날따라 스산하게 찬 바람이 불었다.

2020년 3월 12일, JP는 양산시민들에게 사과문을 발표했다. 이어 페이스북을 통해 '유랑 극단 선거'라는 말로 떠도는 자신의 처지를 빗대어 말했다. 그리고 많은 사람의 예상을 깨고,

"대구에서 만납시다!"

라며 유랑 극단의 마지막 종착지로 대구 출마를 선언했다. 대구는 보수의 또 다른 심장이었다.

스스로 감정을 추스르는 데 오래 걸리지도 않았다. 마치 본인의 최종 목적지가 그곳이었던 것처럼 희망을 지니고, 새롭게 출발했다.

"그림자를 보지 말고 그림자를 만드는 태양을 보자. 꿈을 바라보면 꿈은 이루어진다"라는 말을 JP는 다시 한번 주문처럼 되뇌었다.

JP는 시련에 의미를 부여하고 그 의미를 통해 한 걸음 더 나아가는 것을 주저하지 않는 '삶의 프로'였다. 막다른 골목이라고 생각한 '공천 탈락', 진정한 승부는 '대구'에서 시작됐다.

올리브 가지를 문 비둘기

3월 12일, JP의 출마 선언이 있기 전 나는 먼저 대구행 버스를 탔다. 그날따라 비도 추적추적 내렸다.

"오늘의 패자가 내일은 승리한다For the loser now, Will be later to win, The Times They Are A-Changin' 中"는 밥 딜런Bob Dylan의 노래가 정말 위로가 되었다.

밥 딜런이 세상을 향해 외쳤던 '나를 좀 가만히 놔둬라'라는 메아리가 머릿속을 떠나지 않았다. 그러나 한편으로 JP가 세상을 거슬러 가는 길이니까, 험난함은 당연하다고 스스로 위로하였다. 차창 밖으로 마침 새 한 마리가 을씨년스러운 햇빛과 소리 없는 풍경 속을 날았다. 버스 안에서 나도 가만히 눈을 감았다.

JP는 "이번 공천은 나와 황교안의 싸움 구도가 됐다. 둘 중 한 명은 집으로 가야 한다"라고 정치적 의미를 부여했다.

"내가 양산에서 무소속 출마해 김두관이 당선되면 내가 독박을 쓴다. 내가 쫓겨나고 김두관이 되면 황교안이 책임을 져야 한다. 그러니까 후회 없는 길을 가야 한다. 홍준표답게 돌파하겠다. 그러니 대구로 가자"고 말했다.

대구 출발에 앞서 JP와 많은 이야기를 나누었다. 대구는 이제 승부수일 뿐만 아니라 변화의 변곡점이 되어야 했다. 역대로 대구는 대통령을 많이 배출한 지역이었다.

그만큼 기대치도 높은 지역이었다. 특히 JP의 품격 문제를 거론하는 인사들이 많았다. 대구에서 품격 논쟁이 벌어질 수 있음을 감안하고 마음의 결정이 필요하다는 이야기를 했다.

"나는 원래 품격은 없는 사람 아닌가? 노무현은 품격이 있어 대통령이 됐나?"

순간 당황했다. 자신을 객관적으로 보았고, 거짓 없이 솔직한 것은 JP의 장점이었다. 물론 그 장점을 단점으로 보는 사람도 있었다.

"품격은 리스펙Respect의 문제 아닙니까? 상대를 인정해주면 품격은 생기는 게 아닙니까?"

불쑥 반문했다.

해놓고도 아뿔싸, 내가 너무 나간 거 아닌가? 하는 생각이 들었다. 하지만 엎질러진 물과 쏘아진 화살이었다. 그리고 뱉은 말을 다시 주워 담을 수 없음은 만고불변의 진리다. 한 마디 더 쓴 말이 나올 것이라 예상했다.

"잘 알았다."

예상 못한 답변은 오히려 이것이었다.

JP는 어려움에 빠지면 의외로 순수하고 더욱 명확하고, 결정은 단순해졌다. 모든 것을 빨리 내려놓는다는 사실을 뒤늦게 깨달았다. JP가 고집스러운 답을 할 것이라는 고정관념은 오히려 내가 가지고 있었던 것이었다.

대구에 도착했다. 대구는 어두웠다. 비도 부슬부슬 내리고 있어 을씨년스러웠다. 누군가를 만나야 했다. 무작정 전화를 돌렸다. 밤이 늦었으나 지인들이 반갑게 전화를 받아주었다. 대구 소식을 경청하는 게 먼저였다.

대구는 코로나-19로 민심이 뒤숭숭했다. 제일 먼저 받은 질문은 "JP의 고향이 대구입니까?"였다. "유감스럽게도 아닙니다"라고 내가 답하면 "대구사람들처럼 마스크 쓰세요?"라는 질문이 되돌아왔다. '코로나-19 이전과 이후의 세계는 달라질 것이다'라는 것이 모든 것의 답이었다.

대구는 커다란 웅덩이처럼 하나의 선거구로 작동했다. 어느 지역에서 들어도 선거 판세는 쉽게 읽을 수 있었다. 선거 초반 대구 정서는 중앙당 공천의 불만이 하늘을 찔렀다. 중앙당이 대구 토종을 홀대하고 있다는 여론이 들불처럼 번졌다.

이런 상황에 '홍준표'가 온다는 것이 과연 대구 시민들에게 '코로나-19 이후의 세계에 대한 답을 줄 수 있을까?'에서 '답을 줘야 대구사람이 될 수 있다'는 결론에 도달하기까지 얼마 걸리지 않았다. 대구 민심은 그대로 JP에게 전해졌다.

대구에서도 '수성을'을 선택한 것은 '수성을'의 국회의원이었던 주호영 의원이 '수성갑'으로 옮기면서 현역 국회의원이 없는 지역이기 때문이었다.

그리고 그때까지 미래통합당에서는 '수성을' 지역에 공천을 확정하지 못한 상태였다. 정확한 기일도 정해지지 않은 채 흘러가고 있는 지역이었다.

JP는 대구 출마를 선언한 뒤 "시민의 눈높이로 정치를 하겠다. 시민의 자리로 내려가겠다. 서민들의 아픔과 꿈, 희망을 듣고 함께 고민하고 함께 즐거워하겠다"라고 말했다. 일명 '로 키 low-key' 전략으로 가겠다는 것을 숨기지 않았다.

JP는 어쨌든 막장 공천의 피해자였다. '이제 오늘은 어제와 모든 게 달라질 것이었다. 「무소속 홍준표」가 현실이 되었다. 대구를 선택한 것은 대구만이 홍준표를 살려줄 수 있는 곳이다'라는 절박함이었고, 더더욱 JP다운 결기였다.

JP는 대구 수성못 '이상화 시비' 앞에서 대구 출사표를 던졌다. '빼앗긴 들에도 봄은 오는가'라는 시비 앞에 섰다. 바람은 쌀쌀했지만 햇살은 강렬했다. 그날 대구 사무실도 문을 열었다.

신기하게도 비둘기 한 마리가 날아들었다. 실오라기라도 잡고 싶은 심정은 그 비둘기마저도 영험하게 보이게 했다. 앞이 보이지 않는 선거에서 '올리브 나뭇가지 하나를 물고 왔던 비둘기'처럼 길조이기를 간절히 바라는 마음이었다.

"출퇴근길 인사부터 시작한다. 더 많이 걷고 더 많이 만나겠다. 준비하자."

그 말이 시작이었다. 수성을구 지도를 펼쳤다. 수성못을 중심으로 부채꼴처럼 이어졌다. 수성을 지역민들은 수성못을 중심으로 움직였다. 이구동성으로 수성못을 외쳤다.

수성못은 JP 선거에서 빼놓을 수 없는 곳이 되었다. 처음에는 무작정 수성못을 걷기만 했을 정도로 아득했다. 큰소리치고 대구에 배수진을 쳤으나, 눈앞이 깜깜한 선거였다. 그러나 걷고 또 걷자 그 걸음이 길이 되었다.

'큰 산에서는 큰바람이 생기고, 작은 산에서는 작은 바람이 생긴다'라는 말이 맞았다. 조금씩 긍정적인 변화가 감지됐다. '막천의 피해자'로 다시 살기 위해 몸부림치고 상처받아 돌아온 JP에 대한 응원의 목소리가 하나둘씩 이어져 갔다. '수성의 꿈! 대구의 희망! 대한민국의 미래!'라는 슬로건도 회자했다.

그즈음 중앙당과의 2개월에 걸친 집요한 대결도 안정기에 접어들었다. 처음으로 JP는 '비빌 언덕이 생긴 것 같다'라는 위로를 받은 듯했다.

"양산은 뜬구름이었는데 대구는 사람이 모이니 참 좋다"며 모처럼 JP는 환하게 웃었다. 사람은 결국 사람에게 인정받아야 정서적으로 안정됨을 피부로 느낄 수 있었다.

정치도 버스킹이 가능합니다

수성못에서 처음 받은 시선은 '호기심'이었다. '홍준표'라는 사람을 직접 보는 사람들의 호기심. 그러다 하나둘 사진을 찍자는 사람이 늘어났다. 사람이 늘어나자 JP는 자신의 최대 장기를 펼쳤다. 즉석연설이었다. 듣는 사람이 늘었다. 젊은이들이 늘었다는 것에 고무되기 시작하였다.

JP는 지역 구석구석을 돌았다. 그리고 수성못 걷기로 하루를 마무리했다. 어느 날은 초등학생이 『우리 동네 와줘서 고마워요.』라는 손편지를 건네주었다.

연설을 듣던 어떤 젊은 친구가 함께 온 여자친구에게 "홍준표 현장 연설을 여기서 듣다니, 오늘은 운이 좋다"며 감격하는 호감을 표하기도 했다.

나는 JP가 연설할 때, 수성못을 돌 때 한참 뒤에서 그런 말을 들으며 힘을 얻었다. 그런 희망들이 모여 '할 수 있다'는 자신감이 됐다. JP는 수성을에 희망의 나무들을 심기 시작했다. 그리고 서서히 뿌리를 내려갔다.

물론 반감도 만만치는 않았다. 막연한 정서적 반감이 컸다. 유권자 눈높이에서 이유를 들어주고, 오해를 풀어가는 수밖에 없었다. 쫓기는 시간이었지만 정공법 외에 대안이 없는 문제였다. 그것도 안 되면 읍소할 수밖에 없는 문제였다. 사려 깊은 응원의 메시지도 많았고, 쓴소리도 많았다.

벚꽃이 꽃망울을 터뜨리면서 완연한 봄이 왔다. 공기는 차고 맑았다. 나는 사무실에 앉아 있는 시간이 거의 없었다. 끝없이 걷고 걸었고 사람을 만났다. 나는 지역을 돌면서 알았다. 전략 지역은 JP의 취약지역인 지산동, 범물동, 파동이었다. 여기서 최소한 비기면 이길 수 있다고 판단하였다. 3개 동을 중심으로 지역민을 끊임없이 파고들었다.

지성이면 감천이라고 동네 어른들과 눈인사를 하는 사이가 되었다. 숨어 있던 진정한 보수의 피들을 만날 수 있었다. JP의 이력에서 묻어나는 일하는 이미지와 지역개발론이 힘을 발휘하였다.

그렇게 걷고 걷다가 피로가 겹쳐지면 커피 한 잔을 사들었다. 양지바른 벤치에 앉아 볕을 받으며 쪽잠을 잤다. 그 순간만큼은 평화로웠고 막연히 이길 것 같다는 희망이 볕을 받아무럭무럭 자라는 것 같았다.

JP의 유세도 탄력을 받았다. 상대 후보와 연이 없어서 그런지 큰 마찰은 없었다. 우리는 우리의 우물만 팠다. 이때 JP가 새로운 제안을 했다.

"눈에 보이는 것이 전부가 아니다. 숨어 있는 움직임을 봐야 한다. 선거운동의 전환점이 필요하다."

코로나-19로 많은 사람과의 대면이 힘들었고, 수성못을 도는 것만으로는 사람들의 이야기를 들을 수 있는 공간이 한정되었다. 지역, 직능별 간담회 등 기존의 선거 방법을 쓸 수 없었다. 사무실 방문자도 한정적이었다. 그것을 타개할 방법이 필요했다.

당시 언론 보도와는 달리 판세는 박빙이거나 오히려 JP가 밀리는 상황이었다. 대구와 경북 지역은 수도권에서 미래통합당이 전멸하는 분위기로 흐르자 정권교체의 불씨를 살려야 한다. 그러려면 미워도 미래통합당을 살려야 한다는 바람이 불고 있었다. 진정한 '미워도 다시 한번'이었다.

지역을 다녀보면 특히 미래통합당의 주요 투표층인 장년들이 “홍준표는 잘 알고 잘 되어야겠으나, 찍기는 2번이야”라는 뼈있는 말을 했다. ‘묻지 마 2번’ 현상은 선거운동 막바지에 무섭게 일고 있었다.

심지어 JP에게 다가와 ‘기호 2번 홍준표 파이팅’을 외칠 정도로 노년층의 묻지 마 2번 시각은 뿌리가 깊었다. 이제야 우리가 무소속이라는 사실을 뼛속 깊게 깨닫게 했다. 선거운동의 일대 혁신이 필요했다.

“유권자들과 직접 대화하는 시간을 늘리자. 저녁 시간대에 1~2시간 정도 시간을 내서 집중 유세를 할 수 있겠나? 버스킹을 하자”면서 새로운 시도를 하자고 제안했다.

수성을 지역을 구석구석 누비면서 자신감을 찾았다. 이를 토대로 JP의 브랜드를 가장 잘 나타낼 수 있는 ‘홍준표만의 선거운동’을 해야 했다. 이것이 바로 버스킹이었다. 스스로 바람을 만들어내는 아이디어를 내는 원동력은 절박함이었을 것이다.

대구에서 무소속은 주목받지 못하면 답이 없었다. 변화 혹은 주목의 타이밍도 중요했다. 아마도 20여 년 동안 정치에 몸담으며 깨우친 감각이 JP에게 변화의 타이밍을 알려준 것 같았다.

'정치 버스킹'은 새로운 시도였고 도전이었다. 즉문즉답이 가능하고 연설을 좋아하고 잘한다는 '홍준표'라는 사람만이 가진 장점을 극대화한 유세 형태였다. 버스킹을 보려고 쌀쌀한 저녁 날씨에도 아이부터 노년층까지 지역민들이 모였다.

JP는 버스킹을 통해 정치란 문제의 해답을 찾아가는 과정임을 분명하게 설명했다. 유권자들은 평소 얼굴 보기도 힘든 정치인에게 직접 묻고 직접 답을 들을 수 있다는 생각에 JP의 버스킹에 모여들었다.

버스킹에서는 많은 질문이 쏟아졌다. 코로나 사태 이후 대한민국은 어디로 갈까? 이 위기를 어떻게 넘겨야 할까? 검찰개혁, 권력의 일방통행, 文 정권의 내로남불, 서민층의 붕괴, 포퓰리즘 등 질문은 정치, 경제, 사회 전 영역을 망라했다. 망설임 없이 답하기 위해 JP 또한 모르는 분야를 공부하고 또 공부했다.

버스킹은 JP가 어려운 국면을 타개한 신의 한 수였다. 지역 언론에서도 버스킹을 주목했다. 코로나-19 시대에 맞춰 새로운 지평을 열어준 선거 방식이라고 긍정적으로 평가했다. 정치 버스킹이 탄력을 받고 분위기도 좋아졌다. 그러나 가장 큰 위기는 마지막 순간에 온다고 했던가!

'미워도 다시 한번'의 바람

선거 막판 미래통합당을 중심으로 바람이 거세게 일었다. 우리가 급조한 조직들이 하나둘씩 무너졌다. 선거 캠프도 비상이 걸렸다. 조직을 재점검했다. 지금 부는 이 바람을 넘을 수 없을지도 모른다는 불안감이 스며들었다.

이런 불안감은 예감처럼 다가왔다. 투표 당일 출구조사는 날벼락이었다. 상상도 못 한 결과였다. JP가 미래통합당 후보에게 3.1% 뒤처지는 것으로 보도되었다.

그 장면이 내게 주었던 충격은 상상 이상이었다. 순간 망연자실해졌다. "이게 뭐야? 이게 사실이야?"라고 중얼거렸다. 순간 몸을 짓누르는 무기력함이 엄습했다. 심장 박동이 빨라졌다. 숨이 가빠졌다. 긴 전율이 몸을 타고 흘러내렸다. 들고 있던 숟가락을 떨어뜨렸다.

종업원이 발견하고는 숟가락을 바꿔주었으나, 얼결에 받아 들고도 수저질을 하지 못했다. 시간은 느리게 흘러갔다. 허공을 향해 긴 숨을 토해내었으나 밥을 먹을 기력조차 없었다. 눈앞에서 소 한 마리도 거뜬하게 먹을 것처럼 잘 먹고 있는 대구 후배가 그렇게 얄미울 수가 없었다.

순간적으로 표정 관리가 어려워졌다. 도망치듯 화장실로 갔다. 온몸에서 식은땀이 흘렀다. 모골毛骨 사이사이로 칼바람이 몰아쳤다. 온 신경이 곤두섰다. 그 순간은 나와의 싸움이었다.

상황이 어려웠으나 한 번도 패배를 상상한 적이 없었다. 그래서 충격이 더 컸던 것인지도 모른다. JP와 총선 패배라는 말이 나란히 적히게 될 수도 있었다. 입이 바싹바싹 타들어 갔다.

그때 JP에게서 전화가 왔다. "어떻게 보고 있나?"라고 물었다. 손에 땀이 가득 고였으나, 목소리는 최대한 담담하게 하려 노력했다.

"질 수 없고 져서도 안 되는 싸움입니다. 미래통합당 바람이 거세긴 했으나, 무소속 지지자들의 특성상 샤이함이 있다 들었습니다. 기다려야겠습니다."

이제 나도 기다리라는 말을 했다.

그 외 더는 할 말이 없었다. 반드시 이길 것이라 답하지 못했다. JP는 체념한 듯 "그래, 알았다. 지켜보자"라고 말하고 전화를 끊었다. 순간 스스로 부끄러워졌다. 이것이 유랑 극단의 끝인가? 자문하였다.

결과가 나올 때까지 어떻게 버티나! 거센 바람이 창문을 때렸다. 할 수 있는 것은 기도밖에 없다는 것이 나를 끝없이 무기력하게 만들었다. 일 초가 일 분처럼 흐르고 일 분이 한 시간처럼 흘렀다. 시계가 움직이지 않는 것만 같았다.

머리로는 침착하자고 되뇌었으나 심장은 이러다 터지지는 않을까 싶게 뛰었다. 사실을 사실로 보고, 결과는 사실로서 받아들여야 함을 알고 있으면서도 그게 제대로 될 리가 없다는 것도 알고 있었다. 일종의 불안이 정처 없이 주변을 어슬렁거렸다. 몇 시간 동안 마음은 지옥 불구덩이를 수없이 드나들었다.

잠시 혼자 있어야겠다. 생각과 감정을 잘 추슬러야겠다. 어떤 결과가 오더라도 내가 먼저 서야겠다는 다짐을 거듭했다. 무수한 시선들이 겹쳐졌다. 지더라도 의연하게 이 시간을 버티자. 그 어떤 상황이 오더라도 담담하게 이겨나가자고 마음을 정리했다.

그 순간 TV에 마법이 전개되고 있었다. TV 화면에 개표 초반 판세가 지나가고 있었다. JP가 근소하게 앞서는 판세 흐름을 이어가고 있었다.

어떤 희망 같은 것이 내부에서 솟구쳐 흘렀다. 희망이 움트기 시작하였다. 밤 10시가 넘어가면서부터 2위와 근소하게 차이를 벌리고 올라가기 시작했다. 기이한 긴장감이 흘렀다.

새벽 2시가 되어서야 승리가 확정되었다. 순간 환호성보다

깊고 무거운 숨이 울음처럼 쏟아져 나왔다. 지옥에서 천국으로 건져 올려진 순간 안도, 기쁨, 보람이 휘몰아쳤다.

유랑 극단에도 축제와 같은 행복이 날아들었다.

Episode 6

뭐 좀 찍어 바르자

"대표님이 진짜 많이 변하셨어요."

총선이 끝나고 얼마 지나지 않은 어느 날 젊은 친구 한 명이 웃으면서 말했다. 물론 나처럼 곁에서 지켜보던 친구였으니 그런 변화가 눈에 보였던가 싶었다. 뭐가 변했다는 것일까?

"뭐가 변했는데?"

"홍카콜라 처음 할 때 생각 안 나세요? 그때 메이크업하고 옷을 갈아입는 것도 전쟁이었잖아요."

"그랬지."

물론 JP는 옷을 갈아입고 메이크업하는 것을 매우 싫어했다.

그건 대선 때도 유명한 얘기였다. 스타일의 애착이라고 해야 할지 고집이라고 해야 할지.

어쨌든 본인의 옷차림이나 메이크업, 머리 스타일을 건드리는 것도 싫어했다. 남성 특유의 '남자가 꾸며서 어디다 쓰게?' 하는 21세기에 어울리지 않는 고리타분한 생각 때문일 수도 있다.

"그런데 홍카콜라 하다 보니까 스타일에 욕심이 나셨나 봐요. 어느 날은 머리에 뭘 해야 하는지, 어떤 헤어 제품을 써야 하는지 물으셨대요. 거기서도 좀 놀랐었거든요."

그때는 내가 없을 때의 얘기다. 그래도 내심 놀라긴 했다. 기초화장품 바르는 것도 귀찮아하던 JP가 스스로 헤어 제품을 물어봤다고? JP를 아는 사람들에게 말하면 믿지 않을지도 모른다.

"그런데 지난주에 라이브 하셨잖아요?"

"그랬지."

"오셨는데 고생 많으셨는지 봄볕에 많이 타셨더라고요."

말해 무엇할까? 선거 때문에 지역 구석구석을 걷고 수성못을 매일 걸었다. 봄볕이 얼굴 타기 가장 좋다는데, 내가 시커멓게 될 정도였으니 후보였던 JP야 더욱 새까맣게 얼굴이 그을렸을 것이다. 그런데 그게 변화와 무슨 상관일까?

"저기 저 방, 분장실로 먼저 가시면서 '자~ 얼굴에 뭐 좀 찍어 바르자!' 하시는 거 있죠?"

"……진짜?"

"네, 목소리 톤이 평소에 '도' 정도였으면 그날은 '솔' 정도였어요. '자~ 얼굴에 뭐 좀 찍어 바르자!' 하고요."

그 말을 하는 젊은 친구의 표정이 밝고 즐거워 보였다. 앞으로 스타일리스트를 누가 할지는 모르지만, 그게 누구든 이제 JP와 실랑이는 벌이지 않을 것 같다. 참 행복한 변화다.

아, 복당!

총선이 끝났다. 복당은 쉽게 이루어지리라고 생각했다.
공천권을 휘둘렀던 황 前 대표가 종로에서 패배하고는
개표 결과를 끝까지 기다리지도 않고 집에 갔다.
황 대표는 패장의 도리조차 하지 않았다.
당의 표류는 불을 보듯 뻔했다.

그때 그냥 통도사로 갈 걸!

JP와도 항상 복당을 전제로 이야기를 나누었다. 과거에도 통상의 당 지도부는 총선이 끝나면 무소속을 영입해 당의 전열 정비를 새롭게 했다. 패배한 당은 더욱 그래왔다. 의석을 한 석이라도 늘리는 것이 정상이었다.

총선이 끝나자마자 "당분간 현실정치에서 한 발 떨어져 있는 게 어떠시겠습니까? 통도사 템플 스테이라도 하시면서 심신의 피로도 좀 씻고 복당 이후를 준비하는 게 낫지 않겠습니까?"고 제안했다. JP도 처음에는 "그러자! 당분간은 관망하고 섣부르게 움직이지 말자"고 답했다.

언론 인터뷰에서도 "미래통합당의 참패에 가슴이 아프다. 속히 당으로 돌아가 당을 위해 최선을 다하겠다"고 했다. 복당은 당연한 수순 같았다. 누구도 복당이 그렇게 애를 태우는 핵심 쟁점이 될 줄은 몰랐다.

미래통합당은 비상대책위원회(이하 비대위) 구성이 대세로 흐르고 있었다. 그리고 비대위 이슈는 미래통합당을 혼란 속으로 몰아갔다. 비대위 문제가 진흙탕이 되어버렸다.

애초에 JP는 비대위 구성 후 전당대회 개최안에 찬성하는 쪽이었다. 전당대회 관리자로 김종인 비대위원장 추대를 괜찮은 안이라고 보았다.

상황이 급변한 것은 김종인 비대위 후보자가 세대교체를 내세워 JP를 정조준하면서 시작됐다. 게다가 비대위원장 수락 조건이 문제였다.

"전권을 달라. 당 개혁을 위해 기간도 1년, 내년 보궐선거 전까지 보장이 필요하다."

당의 비상 상황에 전당대회를 치르고 새로운 지도부를 선출해 당 개혁 작업의 밑그림을 그려주는 것이 비대위의 실질적 임무였다. 그러나 전권을 휘두르고 개혁을 하고, 거기에 보궐선거 전까지 1년에 가까운 임기보장까지 하였다. 어디에도 이런 비대위는 존재할 수가 없었다.

여기서 JP는 김종인 비대위원장의 권력 의지를 보았다. 그리고 나의 판단도 비슷했다. 김종인 비대위원장의 과거 행보를 봐도 본인 주도로 대통령을 만들든지 또는 본인이 직접 대통령에 나설 것 같은 불길한 예감이 들어왔다.

김종인 비대위원장 안은 돌발변수였다. 이 파고는 JP를 악착스럽게 따라왔다. 김종인의 파고를 넘어서야 했다. "이것은 권력투쟁이다. 피할 수가 없다. 김종인이라는 사람의 정체를 국민이 알아야 한다"라며 JP는 다시 현실정치에 뛰어들었다. "나는 김종인이 당을 맡으면 돌아가지 않는다. 대의명분으로 간다"라며 상처 입을 각오를 했다.

JP는 분명한 입장을 나타냈다. 이제부터는 원칙의 문제로 들어가야 했다. 뇌물 전과자가 당의 개혁을 맡아서는 안 될 말이라고 일갈했다. 무엇보다 전과자에게 입당 심사를 받는 것은 수치스럽다고 했다.

김종인 비대위가 정말로 1년 가까운 임기를 보장받는다면

차라리 연말까지 당 외곽에서 독자적인 활동을 하기로 마음먹었다. 무소속이란 당 없는 외로움은 있으나 한편으로는 자유로운 활동이 보장되리라.

적극적 행동으로 새로운 영역의 확보에 주력했다. 무소속은 그냥 무소속이 아니라는 것을 무소속이 된 다음에도 상당 시간이 흐른 후에야 알았다며 웃기도 했다. 물론 힘든 점이 없는 것은 아니었다. 의정 활동과 같은 통상적 국회의원으로서의 활동엔 별다른 문제가 없었다. 다만 지지율이 10%의 박스권에 갇혔다.

이것은 내가 지역을 다녀보면서 확연히 느끼는 바였다. 국민의힘 당원들은 JP의 지지에 유보적 태도를 취했다. 당파성의 힘은 강했다. TK에서조차 '어서 당에 들어와라'라고 말했다. 무소속의 벽은 높았다. 쉽게 들어갈 수 있는 당이었다면 이렇게 고민도 하지 않았다. 그렇다고 포기하고 멈춰 있을 수도 없는 노릇이었다.

그렇게 복당이 미뤄지면서 막연함과 답답함에 한숨을 내쉬던 2020년의 여름쯤이었다. 국회 보좌관과 JP 그리고 내가 마주 앉았다.

"마크롱 아냐?"

다짜고짜 질문이 날아들었다. 분명 JP는 깊이 무언가 생각한 뒤에 물었을 텐데, 도무지 그 의중을 짐작할 수가 없었다. 무심결에 생각 없는 답이 나갔다.

"프랑스 대통령 아닙니까?"

"그건 나도 안다. 어떻게 대통령이 됐냐?"

잠시 먹통이 됐다. 우리 정치도 힘든 판에 남의 나라 대통령이 어떻게 된 것까지 알고 살 수 있단 말인가? 그래도 JP와 선문답을 해온 가락이 있는 덕분인지 순발력이 발휘됐다.

"무당파 아닙니까?"

JP는 특유의 무거운 표정을 하고 입을 뗐다.

"쉽게 답하지 말고, 마크롱을 연구 좀 해 봐라. 마크롱의 인뎁스in-depth를 벤치마킹하자. 우리가 가야 할 방향과 전략이 거기 있다."

마크롱 연구는 그렇게 시작됐다.

국정의 장기적인 비전을 새롭게 찾는 것, 책임정치 구현의 확고한 잣대가 있어야 하는데 그것을 국민 속에서 찾는 것, 국민 속으로 들어가 국민의 생각을 우리의 새로운 잣대로 마련하는 것. 무소속 기간 해야 할 일이 정해졌다. 그것이 목표가 됐다.

거기에는 현실정치의 문제점에 대한 JP의 분석도 영향을 미쳤다.

"최근 우파의 문제는 자기 발등 찍기에 있다. YS는 군부 정권을 부정하고, 박근혜 정부는 이명박 정부와의 단절을 추구하다가 망했다. 여기에 좌파는 우파를 적폐로 몰고, 기득권 골통 집단으로 매도했다. 우파는 시대 정신을 잃어버린 집단이 되어버렸다.

"우파의 정치적 토대를 새롭게 구성해보자. 우파의 살아있는 DNA를 찾아보자. 보수를 리모델링해 보자. 시대의 균형 감각을 갖고 새롭게 보는 거다. 우파와 좌파의 대립 구도를 넘어서 건강한 보수가 되어야 한다. 그동안 만들었던 플랜을 버리고 'New JP Plan'을 바닥부터 새롭게 해보자."

그동안 쌓아온 것들을 허물고 새로 짓자는 말이었다. 그것도 국민에게 묻고 국민에게 답을 얻자는 말이었다. 방법론은 마크롱 벤치마킹이었다. 그런데 마크롱의 방식을 뛰어넘는 대한민국의 미래 보고서를 만들어보자니! 너무 명확한 방향성에 코로나 핑계는 꺼내지도 못했다.

방향성 자체는 좋았다. 국민 속으로 들어가야 JP를 바꿀 수 있다는 생각도 들었다. JP는 합당한 이유 없이 이미지를 바꾸는 행보를 하지 않을 사람이었다. 무엇보다 JP에 대해 국민의 시선을 명확하게 전달할 필요성도 있어 보였다. 국민의 생각을 가장 궁금해하는 것이 JP라는 것이 고무적인 신호였다.

"내용도 중요하나 맥락을 읽어야 한다. 세상이 어디로 가고 있는지 맥을 짚어보자. 국민의 생각이 시대정신이다."

아무것도 쥔 것 없는 무소속 의원이 '국민의 시대정신'을 찾는다. 이건 무모한 도전이기도 했고 가슴이 두근거리는 변화이기도 했다.

『마크롱 전략과 New JP Plan』은 그렇게 계획되었다. 마크롱은 오바마의 풀뿌리 운동을 프랑스에 벤치마킹했다. 대선 출마를 위한 이미지 변화의 핵심 원칙을 국민에게서 찾았다.

'프랑스를 위한 진단'이라는 주제 아래 'door to door survey'를 통해 국민 여론을 청취했다. 자원봉사자 5천 명을 선발, 30만 가구를 방문했고 2만 5천 명의 인터뷰를 분석했다. '인뎁스 인터뷰in-depth interview'였다.

마크롱은 인뎁스 인터뷰로 모은 자료를 통해 '프랑스의 변화와 개혁방안'을 도출했다. 프랑스 국민으로부터 직접 핵심 가치와 키워드를 발굴했다. 프랑스다움을 추구하면서 프랑스가 원하는 미래의 청사진을 만들었다. 우리도 그 길을 따라가 보기로 했다.

'인뎁스 위원회'가 구성됐다. 알음알음으로 모인 사람들은 하나 같이 생업이 중요한 사람들이었다. 하지만 JP의 길을 묵묵히 지지했고, 함께 가는 것을 마다치 않았다. 고마운 일이었다.

문제는 실행 방안이었다. 우선은 '인뎁스 인터뷰'의 이해와 방법론을 제대로 아는 사람이 없었다. 이제 와 하는 말이지만 나도 그 뜻을 제대로 몰랐다. 그저 조금 더 자세한 여론 조사 정도로만 이해했다.

마크롱의 자료도 개략적 안내서 역할밖에 하지 못했다. 구체적 방법론을 적용하기엔 많은 난관이 있었다. 공직선거법, 코로나-19 그리고 무엇보다 뭐니 뭐니 해도 money!

여기저기 수소문 끝에 여론 조사 전문가들과 접촉을 먼저 했다. 전문가들은 우리 계획을 듣고 '인뎁스 작업을 제대로 할 만한 조직은 우리나라에 갤럽이 유일하다'라면서 지극히 회의적인 반응이었다.

500만 원만 주면 여론 조사를 통해 국민의 생각을 쉽게 알 수 있는데 무엇을 하려고 복잡한 방법을 쓰려고 하느냐는 의구심을 듣는 건 덤이었다.

자체적으로 조사하는 것에도 별반 반응이 다르지 않았다. '전문가가 없지 않나?'라는 질문이 돌아왔다. 불쑥 막연한 오기가 사로잡았다. 질 수 없다는 생각이 들어버렸다. "전문가는 있다. 다만 해보지 않은 것이라 조언을 구하는 것뿐이다"라고 호기롭게 대답했다. 그래도 "코로나-19 시대에 너무 무리한 일이다"라는 또 다른 답을 들었을 뿐이었다.

국민은 위대하다

모험은 그때부터 시작됐다. 복당도 되지 않아 협조에 난색을 보이는 사람들, 코로나-19의 상황, 자신의 분야에서는 전문가일지 모르지만 인뎁스 조사에는 생판 초짜인 사람들 등.

그러나 어렵다고 포기하면 무엇을 할 수 있겠는가? 길이 없어도 가야 할 때는 발 닿는 곳이 바로 길이었다. 가는 수밖에 없었다.

발품은 나와 인뎁스 조사 총괄을 떠안은 박사 한 명이 열심히 팔았다. 전국을 돌아다니며 많은 이야기를 들었다. 언제나 그렇지만 JP의 긍정적인 이야기는 거의 같았다.

강단과 솔직함, 소신 있는 발언과 똑똑함, 추진력까지. 문제는 그만큼 부정적인 이미지도 높다는 것이었다. 그것도 내용이 거의 비슷했다.

"왜 준표 아저씨는 항상 화가 나 있어요?"

자극적 독설로 비추어지는 언어 스타일과 표정의 지적이 많았다.

"같은 말이라도 왜 그렇게 하나? 맞는 말인데도 '왜 저래'하는 생각이 든다. 나도 보수지만 지지하기 부끄럽다. 조금만 변하면 좋을 것 같은데, 꼰대 같아서 요즘 시대와 안 어울려."

영감 같은 소소한 언행들, 화합과 소통보다는 독불장군 같다는 지적들이었다.

"너무 촌스러워요. 그리고 아직도 좌파니! 우파니! 하는 거 철 지난 것 같아요."

색깔론에 대한 거부감은 덤이었다.

오죽하면 의외의 장소에서 '샤이 홍'을 만났을 때는 감격스러울 때도 있었다. 그렇게 들으면서 국민의 생각을 알아 나갔다.

"과거에 매달리지 말고 미래를 보는 정치를 해줬으면 좋겠어요. 국민의 삶과 고통에 공감하는 이슈에 좀 집중했으면 합니다."

국민의 삶은 정치 공학이 아니었다. 문재인 정권 퇴진, 조국 이슈, 검찰개혁보다 척박한 삶이 나아지길 바라고 있었다.

"(코로나 재난지원금 같은) 돈 받는 거 좋죠. 그런데 그 돈이 어디서 나오는가 생각하면…… 당장 목구멍이 포도청이라 받지만 그게 다 언젠가 토해내야 할 돈이잖아요."

포퓰리즘을 극도로 경계하고 있기도 했다.

"어느 쪽이나 똑같지 않나요? 그저 자기들만 잘 먹고, 잘 살려고 하지 국민한테는 관심도 없잖아요. 위하는 척하는 거잖아요! 위선적이에요! 네 편 내 편 가르는 것도 신물 나요!"

좌우를 떠나 지도층은 기득권에 집착하고 자신들의 권력을 유지하기 위해 끝없이 국민을 충돌질하고 이용한다고 했다. 개개인의 국민은 현명했다.

서민의 자녀들에게는 가재, 붕어, 개구리에 만족하며 개천에서 살라고 한다는 것에 절망했다. 개천에서 용이 나던 시대가 끝났다고 울분을 토했다. 이번 생은 망했다는 인식이 뿌리 깊었다.

아무리 어려워도 대한민국은 계층 상승이 가능한 국가였었다. 국민 간에 암묵적으로 지켜왔던 전통적이고 관습적인 정의의 하한선이 있기 때문이었다. 그러나 그것이 무너졌을 때, 오늘의 대한민국을 만들어온 힘이 함께 무너지고 있었다.

『코르니유 영감의 비밀Le Secret de maître Cornille』이라는 알퐁스

도데Alphonse Daudet의 단편 소설이 있다. 코르니유 영감은 풍차 방앗간 운영자였다. 그런데 증기 제분소가 세워지면서 경쟁력이 떨어지는 풍차 방앗간은 도태되어 가는 시대였다.

그러나 코르니유 영감의 풍차는 쉬지 않고 돌아갔다. 영감은 날마다 당나귀에 밀가루 포대를 싣고 언덕을 오르내렸다.

어느 날 영감이 외출한 사이 아이들은 방앗간의 비밀이 궁금해 안을 들여다보았다. 방앗간 안에서는 밀이 아닌 석회 부스러기가 돌아가고 있었다,

코르니유 영감의 비밀은 文 정권을 떠올리게 했다. 文 정권은 소득주도성장과 포퓰리즘으로 방앗간을 돌리고 있다. 국민을 속이는 풍차 방앗간은 언젠가 비밀이 백일하에 드러나면서 멈출 수밖에 없다.

대한민국에 필요한 것은 국민을 속이는 방앗간이 아니다. 새로운 시대에 맞춰 제분소를 늘리고, 그곳에 일할 사람을 늘려야 한다. 생산량이 늘어난 '밀'을 팔고, 빵을 만들고 신메뉴를 개발하고, 부를 쌓을 수 있도록 해야 한다.

서민 경제를 활성화해서 중산층으로 올라갈 수 있는 사다리를 만들어야 한다. 그 안에서 노력하는 누구에게나 계층 이

동의 사다리가 살아있도록 해야 하고, 또 실패한 사람들에게 한 번 더 기회를 줄 수 있는 세상이 되어야 한다. 그런 나라가 국민이 바라는 정상의 나라였다.

국민의 현장 목소리를 듣는 그 시간은 내게도 매우 큰 가르침을 주었다. 어디라고 하면 골목까지 기억이 날 정도로 열심히 다녔다. 어디를 가나 마스크 제대로 꼭 쓰고 다니라는 후배의 잔소리가 귀에 쟁쟁하다. 덕분에 건강하고 무사히 다닐 수 있었다. 내가 만난 국민은 경이로웠다. 감사하고, 또 감사한 시간이었다.

그러나 복당의 길은 아직도 열리지 않고 있다. 아, 복당! '히말라야 등곳길'보다 멀고 힘든 그놈의 복당!

Episode 7

홍도는 잘 있나?

JP는 경남도지사로 부임한 이후 3년 6개월 만에 1조 3천억 원의 경상남도 빚을 다 갚았다. 이를 기념하여 심은 나무가 채무 제로 기념 나무였다. 경상남도의 미래 세대에게 빚이 아닌 희망을 물려준다는 의미로 심었다.

서애 류성룡 선생은 임진왜란 이후 자신이 겪은 환란을 교훈 삼아 닥쳐올 우환을 경계한다는 의미를 담아 『징비록』을 남겼다. JP도 채무 제로 나무가 『징비록』처럼 기억되어 경상남도가 채무의 경계와 교훈으로 삼기를 바랐다.

나무를 심고 나서 경상남도 직원들은 이구동성으로 나무에 대한 덕담을 늘어놨다고 한다. 당시 직원들은 수시로 채무 제로 나무 보고를 할 정도로 애정을 보여주기도 했단다. 홍비어천가처럼 들릴 수도 있었겠으나, 채무 제로를 이룬 최초의 광역단체로서 자부심만은 인정해야 했다.

그런데 2018년 6월, 현재의 도지사로 바뀌면서 그 나무가 뽑혀 나갔다. 커다란 포크레인이 나무를 뿌리째 뽑아 올렸다. 그리고 현재 경상남도의 부채는 다시 약 8천억 원 가까이 늘었다.

나무가 뽑혀 나가는 장면이 TV를 채웠다. 불현듯 JP는 나를 돌아보면서

"그런데 홍도는 잘 있냐?"

라고 물었다. 나는 얼결에

"홍도는 잘 있답니다."

"홍도는 잘 있다……. 그럼 됐다."

라고 혼잣말을 하였다.

돌아서서 '홍도라니?' 생각했다. 잠시 뒤에야 홍도는 JP가 경남도지사 시절 도청 관사에서 이뻐하며 키우던 진돗개라는 것을 떠올렸다.

당시 진주의료원 부채가 278억 원이었다. 14년간 묵은 문제

였다. 전문가들조차 회생 불능이라고 선고했다. 그러나 아무도 손을 대지 못했다. 노조는 47차례나 경영 개선을 거부했다.

노조 배 불리기에 수십억 주느니 극빈층 무상 의료를 지원하는 게 낫겠다는 게 JP의 판단이었다. 무엇보다 진주는 이미 진주의료원보다 더 나은 제2차 병원이 포화 상태였다. 차라리 병원 시설이 부족한 마산의료원을 확충하는 편이 훨씬 이득이었다. 진주의료원 폐쇄는 그렇게 결정됐다.

그 외 각종 낭비되는 사업, 재정 등을 철저하게 관리했다. 그렇게 해서 경상남도 채무 제로를 달성하였다. 그것을 기념하여 심은 식수였다. 과정에는 분명 마찰과 저항이 있었지만, 가장 쉬운 '땅 팔아서 빚 갚기'가 아니라 가장 어려운 '재정·행정 개혁'을 통해 빚을 갚았다. 그렇게 이룬 채무 제로였다.

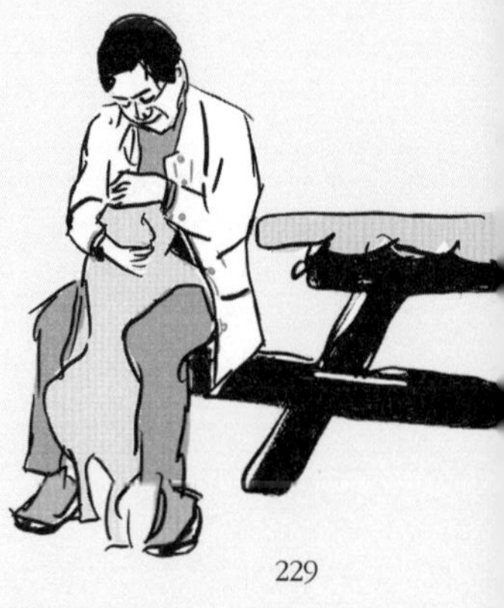

그렇다고 복지예산을 줄이지도 않았다. JP가 가장 뿌듯하게 생각하는 것이 저소득층 자녀들을 위해 만든 '도서 구입 바우처'였다. 다음으로 서울 세곡동에 경상남도의 저소득층 자녀들을 위한 기숙사 '남명학사 서울관'을 지은 것이다.

남명학사 서울관은 경남개발공사의 개발성과 이익금 350억을 투입해 2016년 12월에 착공했다. 그러나 2018년 1월 준공되고 그 해 개관해 학생들을 받기 시작한 남명학사 서울관에 JP는 아직 한 번도 가지 못했다. 한 번은 지나가는 말로 남명학사에 한 번 들러 보자고 했다.

"세곡동이 먼 것도 아닌데 한 번 둘러보시죠."

그러나 웃으며 고개를 저었다.

"괜히 갔다가 나 밉다고 지원금 안 주면 어떡해."

농담처럼 한 말이지만 그 말을 들은 나는 입이 썼다. 지금까지도 JP는 집에서 차로 고작 20분밖에 걸리지 않는 남명학사를 한 번도 방문하지 않았다.

설마하니 그렇게 하겠나, 싶다가도 뽑혀 나가는 채무 제로 나무를 봤으니 망설여지겠구나, 이해해서 더는 말하지 않았다.

모두가 좋아하고 모든 이에게 이득을 주는 훌륭하고 멋지고 똑똑하고 완벽한 리더는 환상 속에 존재한다. 사실 국민이 편안하면 공무원은 괴롭다. 누구에게든 주던 것, 있던 것을 관성적으로 끌고 가면 욕 먹을 일은 없다.

그러나 주던 것을 안 주면 사람들은 화를 낸다. 있던 것이 사라지면 원망하고 돌을 던진다. 괴로운 공무원, 화내는 사람들과 맞서고 싶은 사람은 아무도 없다. 리더도 마찬가지다. 책임자의 자리에 앉은 사람이 주던 것을 거두고 맞서 싸워야 하는 순간에 닿았을 때 그 일을 피하는 사람과 피하지 않는 사람이 있을 뿐이다.

단지 피하지 않을 뿐인 한 남자가 오늘도 문득 떠오른 '홍도'를 걱정하고 있을지도 모른다.

녹은 버터 속에 빠진
개구리

2020년 10월 무렵이다. 나는 한창 인뎁스 인터뷰로
발품을 팔며 보좌관과 연락을 취하고 있었다.
JP가 정국 상황을 논의하고 조언을 얻기 위해
이문열, 윤여준 등 사회 각계 원로들은 물론이거니와
국민의힘 의원들과도 만나고 있다는 말을 들었다.

꼰대는 본인이 꼰대인 줄 모른다

왜 갑자기 그런 행보를 하시느냐고 묻자 보좌관의 답이 돌아왔다.

"보궐선거에서 본인의 역할이 필요한 자리가 있을 거라고 보십니다."

이후 주변 참모들에게도 자신의 향후 행보를 물었다. 당시만 해도 文 정부는 콘크리트 지지층으로부터 40% 이상의 견고한 긍정적 평가를 얻고 있었다.

부산은 어느 정도 승산이 있어 보였지만, 서울시장선거는 언감생심이었다. 서울시장 보궐선거의 필승 전략이 필요할 때

라고 JP는 말했다. 복당을 더욱 서둘러야 하는 것 아닌가 싶었으나, JP는 고개를 저었다.

“복당은 계산하는 것이 아니다. 극복하는 것이다. 시련은 맞서는 것이다. 내가 지금까지 성질대로 살다 보니 쓸데없는 갈등을 만들었는데, 이제 좀 더 참고 기다려야겠다”라며 『삼국지』에서 조조를 극복한 사마의의 시간을 이야기했다.

그동안 길고 험한 기다림의 시간에 사마의 드라마를 보았다고 했다. 사마의는 30세에 조조에게 발탁되어 40년을 참을 줄 알고 감출 줄 알았던 사람이었다.

JP는 정국의 전체 국면을 이야기했다. “박근혜 정부 때는 김무성의 시간이 안철수의 시간으로 흘렀다. 박원순의 시간은 문재인의 시간으로 흘러 대통령이 됐다.

文 정부에서도 황교안의 시간에서 이낙연의 시간으로, 이제 이재명의 시간에서 윤석렬의 시간으로 흘러왔다. 세상의 시간이 어떻게 흐르는가 지켜보자”라며 오히려 안달복달하는 나를 다독였다.

연말에 다다르자 JP는 “정권 탈환의 기반을 마련해야 한다.

야권의 새로운 판을 짜야 한다. 그러려면 국민의 주목을 받아야 한다"라고 말했다. JP는 야권 통합이야말로 큰 물줄기의 새로운 변화가 될 것이라고 여겼다.

"안철수, 오세훈, 나경원의 Big 3 구도로 돌파해야 한다. 이대로 또다시 사분오열되면 길이 없다"라며 국민의힘만으로는 선거의 흥행도, 관심도 떨어질 것으로 봤다.

안철수 대표를 만나고, 오세훈 前 시장을 설득했다. 나경원 前 의원도 만났다. 세 사람 모두 출마를 선언하고 통합을 내걸고 경쟁하면서 판이 커졌다.

물론 이번 지방선거의 가장 큰 공로자는 文 정권이었고, 지방선거를 한 달여 앞두고 터진 LH 사태에 대한 국민의 분노였다.

여기에 야권 통합 구도는 승리의 견인차 역할을 했다. 표가 뿔뿔이 흩어졌다면 야권이 승리했으리란 보장이 없었다. 안철수 대표의 지지율은 높았고, 선거에서 분열은 언제나 상대에게 승리를 선사했다.

최종적으로 오세훈 前 서울시장이 야권 후보가 됐다. 안철수 대표는 서울시장 후보 선출 패배의 아픔을 딛고 오세훈 후보를 도움으로써 아름다운 패배의 모범을 보였다. 모처럼 훈훈한 선거가 됐다.

그러나 선거가 끝나니 JP는 사라졌다. 김종인과 국민의힘만 남았다. 개인적으로 이 대목은 너무 아쉬워 힘이 빠질 정도였다. 보궐선거 이후 새로운 판을 기대했기에 더욱 그랬다. JP가 Big 3 구도를 통한 후보 단일화라는 무모한 과정에 뛰어들었던 것은 과거가 됐다. 하지만 JP는 실망하지 않았다.

"정권 탈환을 위해 내가 해야 할 일을 했을 뿐이다. 정권 창출의 밀알이면 됐다. 무엇이 되려고 하기보다 어떻게 정권을 탈환할까를 생각하자"고 말했다. 그것으로 끝이었다.

아쉬움도 서운함도 없었다. 그 순간 변화한 JP가 보였다. 더는 '내가 아니면, 안 된다'라는 말을 하지 않는 것이었다.

고무적이었던 순간이 기억에 남아있다. 4월 2일, 부산 기장 시장에 JP가 나타났을 때였다. 박형준 후보를 돕기 위한 지원 유세 현장이었다. 유세장 주변에서 JP를 보고 '홍준표! 홍준표!' 하는 연호가 들렸다.

JP 본인조차 깜짝 놀란 환대였다. 사람들이 몰려 북새통을 이루자 일일이 악수하며 고마움을 표했다. 연단에 올랐다. 다시 한번 '홍준표! 홍준표! 홍준표!' 하는 연호가 터졌다.

"오늘은 박형준 후보를 불러주세요"라는 말로 좌중을 웃게 했다.

유세가 끝나고 연단을 내려오자 JP 주변에 사람이 몰렸다. 바쁜 걸음으로 사라지던 예전과 달리 악수를 청하면 악수를, 사진 촬영을 원하면 사진 촬영을 기꺼이 응해주었다. 사인 공세를 받아도 예전과 달리 기쁘게 응하는 모습이 새롭게 다가왔다.

문득 지난 몇 달간 들었던 JP의 혹평들 혹은 조언들이 스쳐지나갔다. 나는 그 의견들을 일점일획도 고치지 않고 JP에게 전달했다.

"솔직하고 똑똑하고 강단 있다. 통찰력도 있고 추진력, 판단력 모두 좋다. 그런데 그 언행은 문제다. 사람에게 무뚝뚝한 게 어떻게 자랑인가?"

"지도자의 길을 걷고 있다면, 충고를 받아 고쳐야 한다."

"프레임 론도 인정하지만, 그런 프레임에 걸리도록 행동한 것도 문제입니다. 대다수 국민은 보기 좋은 떡이 먹기도 좋은 법 아닙니까? 정치인은 국민을 대표합니다. 국민이 좋아하는 부분을 강조하고 싫어하는 부분은 보완하세요."

"정치인 홍준표가 2030의 아픔과 고민을 충분히 이해하고 있나요? 자신의 2030 시절을 거울삼아 지금의 2030을 이해하려는 건 화성에 사는 사람이 지구인에게 같은 잣대를 들이대는 것만큼 거리감 있는 얘기예요."

처음 이런 민심을 전달했을 때 JP는 무척 당혹스러워했다. "일부의 여론을 지나치게 평가한 것 아닌가? 오히려 그게 프레임 아닌가?"라고 반문했을 정도였다.

그렇지만 현장의 여론은 더 심각했다. 박스권 10%의 벽이 높긴 했지만, 본질적인 문제는 JP의 변화를 주문하고 있었다. 나는 더 솔직하게 말했다.

"현장을 무시할 수 없습니다. 현장은 JP의 변화를 요구하고 있습니다. 장점을 극대화하고 단점을 보완하는 방법을 찾아야 합니다."

나뿐만이 아니었다. 많은 지인도 JP를 향해 변화의 필요성을 주문했다. 단점을 인정하고 성찰하면서 당당하게 변화하는 모습을 보여야 현장에서도 자신들의 목소리가 전해졌음을 알 수 있고, 그것이 소통이라고 느낄 수 있다고 말했다.

"꼰대는 자신이 꼰대인 줄 모릅니다. 꼰대인 줄 깨닫는 게 시작입니다."

인간이 된다는 것은 어떤 의미에서는 불완전함을 인정하는 것이다. 불완전함 속에서 최상의 인간적 모습을 보여줄 수 있다. 상처의 경험을 통해 다른 삶의 상처를 귀 기울일 수 있는 것처럼 불완전해야 완전함을 이해한다. '더는 아무것도 시도하지 않는 것을 제외하고는 이 세상에 실패란 없다'라는 말이 새롭다.

파란 넥타이를 맨 JP

"내 말 습관에 '내'가 너무 많다는 지적이 있다. 자네들 생각은 어떤가?"

어느 날부터 JP가 질문하기 시작했다. 그리고 페이스북 등에서 '나는' 또는 '내가'라는 단어가 점차 사라졌다. 'JP'라는 이니셜을 쓰는 것을 두고도 말이 나왔다.

"JP 자체가 이인자 정치로 홍준표와는 맞지 않는다. 정서가 다르지 않은가. 그리고 JP라는 이니셜 자체가 올드하다."

JP는 그 말도 한참 경청했다.

"좋은 의견이다. 그래도 나는 JP라는 이니셜을 쓰고 싶다. 인간 김종필은 인간 홍준표가 부족한 부분을 갖고 계셨다. JP를 말년에 뵈면서 많이 배웠다. 나는 나의 부족함을 JP라는 이니셜을 통해 채울 수 있도록 경계의 지표로 삼고 싶다."

단점을 인정하기 시작하는 데서 더는 JP라는 이니셜 사용에 반대할 수가 없었다. 무엇보다 그냥 쓰겠다는 게 아니고 쓰고자 하는 이유를 설명하며 우리를 설득하려 하지 않았나.

독불장군, 꼰대라는 이미지를 "내가 원래 그렇다. 이제부터라도 매사 신중하게 선을 넘지 않고 국민이 요구하는 품격을 따라가 보자"라고 했다. 놀라운 말이었다.

사람은 자신이 생각한 세계를 바꾸기 어렵다고 했다. JP도

'사람이 갑자기 변하면 죽는다, 이 나이에 변하는 게 쉽나?'라고 말해왔다. 그러던 JP가 변화를 선언했다. 그런 변화의 선언이 서서히 언행으로 나타나기 시작했다.

미세한 변화다, 그렇게 크게 바뀐 것 같지 않다는 말도 있으나, 그 말엔 내가 반대한다. 1년 전, 6개월 전의 JP와 지금의 JP는 분명히 다르다. 그것은 곁에 있는 사람이 가장 크게 느낀다.

본디 사람이 그렇다. 멀리 있는 사람에게 '변화'를 보여주는 것보다 가까이 있는 사람에게 '변화'를 보여주기가 더 어렵다. 가까이 살다 보면 서로의 벽을 허문다. 그런 삶의 습관들이 익숙해진다. 그래서 가까이 있는 사람들이 '변화'를 느끼기란 쉽지 않다.

그런 그가 곁에 있는 사람들이 느낄 정도로 변화했다. 멀리서 그것을 볼 수 없다면 그것은 애정과 관심의 차이일 것이다.

어느 날 JP는 '괜찮냐?'고 물었다. '예'라고 대답했으나 속으론 '뭐가 괜찮냐는 거지?'라고 의아했다. JP는 넥타이를 가리켰다.

"오늘 넥타이를 바꿨다."

정말로 은은한 푸른빛이 감도는 넥타이를 하고 있었다.

그날 아침의 일을 JP는 어색하게 얘기했다. 다른 날과 다름없이 이순삼 여사는 붉은색 넥타이를 내밀었다. JP의 붉은 색 사랑은 이미 유명하다. 이젠 붉은 넥타이를 매지 않는 게 어색했지만, 그것부터 좀 바꾸라는 소리도 참 많이 들었다.

붉은색은 사랑과 정열을 상징하고 왕의 색이라고 하지만 거부감이 있다. 너무 두드러지기 때문일까. 눈길은 끌지만 한 편으로는 사람을 너무 강하게 보이도록 만든다. 안 그래도 강한 사람이 더욱 강하게 보이니 거부감이 들 수도 있다.

그날 아침엔 넥타이를 받아쥐고 잠시 망설였다고 한다. 이내 결심한 듯 붉은 넥타이를 도로 내밀었다.

"저기 파란색 넥타이 주세요."

"왜요?! 무슨 일이 있어요?"

얼마나 놀랐는지 이 여사가 목소리를 높였다고 한다.

"나도 한 번 분위기를 바꾸어 보려고……."

그래서 그날 푸른 넥타이를 했다. 그것만으로도 얼마나 놀란 사람이 많았는지 재밌게도 언론에 난 사진의 제목까지 「홍준표, '하늘색 넥타이' 매고 대정부 질문 나온 까닭」이었다.

파란색은 전 세계인이 공통으로 좋아하는 색이라고 한다. 파란 하늘, 바다, 영혼, 신성, 젊음을 상징하는 색이다. JP는 친절하게 푸른색의 설명까지 덧붙였다.

나중에 JP의 고백을 들어보니 지난 대선 후 자신이 무수한 변화를 온몸으로 겪으면서 외모도, 생각도, 주변도 많이 변했다고 생각했다고 한다. 그런데 사람들은 여전히 변하지 않는 사람으로 받아들인다는 평가를 보고 당황하기도 했다고 한다.

최근 자타가 인정하는 선거 전략가들과 만났던 이야기도 들려주었다. 이들도 한 마디로 "이미지가 변화다"라고 했다고 했다. "지난 대선에서는 '샤이 보수'라는 키워드가 있었다. 그렇다면 거꾸로 '국민이 왜 보수를 부끄러워할까?' 생각해본 적이 있는가?"라는 질문을 받았다고 한다. 특히 젊은 유권자일수록 심하다고 평가했다.

전문가들은 "현재의 젊은이들은 자기 생각을 분명히 말함에 있어 망설임이 없다. 그들은 '보수는 국민의 목소리에 귀를 기울이지 않는다', '꼰대 마인드가 부끄럽다'고 말한다. 국민 앞에 한 번 무릎 꿇고 머리를 숙였다고 해결된다고 생각하는 것이야말로 국민을 무시하는 것이다"라고 평가했다.

여러 곳에서 들어오는 조언들이 이렇듯 일관되니 JP는 진정한 보수의 변화가 필요하고 그 전에 자신부터 변해야 한다는 것을 받아들이기 시작했다.

"대학 시절 내 별명이 무계無界였는데, 내가 왜 이렇게 됐지?"

경계가 없고 파격을 두려워하지 않았는데, 어느 순간부터 경계하고 변화에 거부감을 느꼈다. JP는 "왜 그럴까?"라고 스스로 물었다. 나이를 먹어서일까?

그런 문제의식이 스스로 돌아보게 했다. 변화는 그렇게 안에서부터 시작됐다. 그때부터는 이미지에 대해서 하는 말도 적극적으로 귀 기울이기 시작했다.

"국민이 누군가의 생각을 알 수 있는 가장 좋은 방법은 이미지다. 언론에 보도된 외모, 머리 스타일, 표정과 복장 그리고 언행을 통해 이해한다."

그 말을 적극적으로 받아들였다. 그리고 며칠 뒤 이순삼 여사에게 다시 한번 힘주어 말했다고 한다.

"오늘은 그린색으로 주세요."

멈추지 않는 것이 가장 중요하다

넥타이는 변화의 시그널이었다. 변화의 시작은 '넥타이'라는 작은 물길이지만 모든 것은 항상 작은 곳에서부터 시작된다. 그 변화를 주변에서 그리고 앞으로 국민이 차츰 알아줄 것이라 믿는다.

복당의 문제는 어려운 기다림의 문제였다. 물론 그 기다림이 본인에게는 매우 괴로운 일이었다. 지난 4월 1일, 페이스북에서 스스로 기다림의 고통을 토해냈다.

『나는 어려운 환경에서 역경을 헤쳐 오면서 공직을 수행해 왔다. 검사 시절에는 노량진 수산시장 강탈 사건, 광주 국제 PJ파 조직 폭력 사건, 슬롯머신 비리 사건 등 대형 사건을 수사할 때마다 늘 내부 압력과 핍박 속에서 힘들게 홀로 수사를 해왔다.

정치판에 들어와서도 당이 잘 나갈 때는 나를 찾지 않고 탄핵 대선, 위장 평화 지방선거 등 당이 곤경에 처할 때마다 늘 그 책임을 떠맡곤 했다. 나도 이제 당이 잘 나갈 때 대표 선수가 되어 출마할 수 있으면 참 좋겠다는 생각을 오늘 아침 문득 해 본다.』

JP는 경상도 남자다. 그는 어지간해서는 아픔을 토로하지 않는다. 27년을 함께 했으나, JP가 눈물을 흘리는 것을 경남도지사 퇴임식 때에 본 것이 유일하게 기억에 남아있을 정도다.

지금 JP의 상황을 굳이 따지고 보자면 녹은 버터에 빠진 개구리와 같다. 벽은 높고 미끌미끌한 버터에 빠져서 쉽게 오를 수도 없다. 개구리는 밖으로 나올 수가 없다.

그러나 끊임없이 뛰어오르기 위해 물갈퀴를 움직이다 보면 점차 버터가 굳어간다. 그리고 어느 순간 굳어진 버터를 딛고 밖으로 뛰쳐나갈 수 있다. 갈퀴질을 멈추지만 않으면 된다.

중요한 것은 '어떤 상황에 놓였는가'가 아니다. 그 상황에 '어떻게 대응하는가'다. 이 길이 아니었다면, 저 길이 아니었다면 하고 후회하는 것만으로는 앞으로 나아갈 수가 없다.

끊임없이 상황을 주시하고 그 상황에 대응해나가며 기회와 발전의 동력을 만들어가야 한다.

돌아보면 지난 1년은 다시 돌아가고 싶지 않은 시간이다. 그러나 또 한편으로는 교훈이 큰 1년이기도 했다. 화가 나고 흥분도 했고 막다른 길에 부딪히기도 했다. 그래도 JP는 굴복하지 않았다. 싸우다 지면 다시 일어서는 것이 JP다. 그리고 무엇보다 그 안에서 가장 큰 수확은 JP의 변화였고, 그 안에서 도움을 준 많은 사람이었다.

그 변화가 소중하게 의견을 내준 국민의 '꿈'을 이루어주었으면 좋겠다. 그 변화가 대한민국을 행복하게 만들 힘이 되었으면 좋겠다. 그리고 그 변화가 대한민국의 역사에 새겨지는 길이 되기를 기원한다.

Episode 8

NHK는 족집게가 될 수 있을까?

1996년 4월 총선으로 JP는 국회의원이 되었다. 6월 어느 날 오후 부산하게 의정 활동을 준비하는 JP 의원실에 낯선 여기자가 찾아왔다. 일본 NHK 기자였다.

기자는 당시 보좌관에게 NHK가 새롭게 등원하는 15대 초선 의원을 대상으로 인터뷰 대상자를 선정, 초선 의원들 가운데 앞으로 대한민국을 이끌어갈 유력한 인물 2명을 꼽았다고 했다. JP와 당시 이명박 의원이었다.

JP는 모래시계 검사로 국민적 인기를 얻고 정계에 진출했다.

불의와 타협하지 않는 소신, 법치주의에 대한 확고한 믿음, 어떤 압박에도 옳다고 생각하는 일에서는 물러나는 법이 없는 강단이 있는 초선 의원이라 선택되었다고 했다. 이명박 의원은 샐러리맨의 신화를 만들어낸 인물로 『강자는 우회하지 않는다』는 책자가 계기가 되었다고, NHK는 설명했다.

당시 JP는 인터뷰에서 "소신과 정의가 있어 두렵지 않다. 검사가 당당한 것은 정의롭기 때문이다. 역사는 한 사람의 힘으로 이루어지지 않지만 한 사람의 용기 있는 한 걸음이 역사를 바꾼다"는 소신을 피력하였다.

당시 NHK 기자는 JP를 보면 난세에 나타난 영웅들이 떠오른다고 했다. 일본 전국 시대와 메이지 유신, 조선의 임진왜란, 고려 시대 거란족의 침입 등 많은 난세에 나타난 영웅들을 이야기했다. 그들은 고난을 겪으면서도 소신과 의지를 꺾지 않았고, 난세에 나서서 나라에 충성했다고.

당시 이 과정을 지켜봤다. 그런데 NHK가 대한민국 정치인 가운데 JP와 이명박 의원이 대한민국의 미래를 이끌어갈 차세대 정치인으로 꼽았다는 것이 어떤 의미인지 정확하게 잘 모르고 있었다.

어느덧 세월이 지나고 이명박 의원은 17대 대통령이 되었다. 문득 NHK 기자의 말이 떠올랐다. 기자가 나가기 직전 "JP는 난세를 만나면 커다란 역할을 할 것으로 보인다"고 예언 같은 말을 남겼었는데.

JP가 지난 대선을 도전하였을 때도 난세 중 난세였다. 지금도 文 정부는 한 번도 경험해보지 못한 나라를 만들고 있다. 정의가 무너졌고, 공정이 사라졌고, 민주주의는 끝장났다고 여기저기서 난리다. 세상은 상식과 정의 기반이 와해했다.

이제 JP는 이 난세의 평정을 위해 시대의 소명을 받들기 위해 한발을 내디뎠다. JP는 마지막으로 내 나라를 위해 헌신하는 길은 안보가 무너지고, 경제가 무너져 내리는 내 나라를 리빌딩하는 것을 소명으로 생각하고 있다.

JP는 "나는 검사와 국회의원, 경남지사를 거치면서 항상 결단의 순간에는 단호해야 한다는 원칙을 지켰고, 그 결단에 후회해본 일이 없었다"고 했다.

이제 새로운 출발을 위해 또 한 번 결단의 순간을 기다리고 있다면서 인생의 마지막 꿈을 향해 한발 한발 다가서고 있다. NHK 기자의 말이 진짜가 될지 지켜볼 일이다.

Epilogue

번지점프 방법은 그냥 뛰는 것이다. 생각이 많으면 뛰기가 어렵다. 젊은 시절 공수 훈련을 받을 때 교관도 말했다.

"그냥 뛰어라."

비행기에 올라 순서에 맞추어 그냥 뛰었다. 잠시 후 벌어지는 세상은 말로 표현하기 어려운 놀라운 경험을 하게 만들었다.

지금도 가끔 자랑삼아 그날 보았던 풍경을 친구들에게 이야기하고 있다. 그래서 어떤 일을 만나면 '그냥 시작하라'고 말한다. 그 '시작'이라는 긍정의 단어 하나가 세상을 바꾼다.

지금, 이 글은 사실 엄두가 나지 않았다. 무엇보다 JP와의 사사로운 일들을 쓰려니 이런저런 생각으로 갈피를 잡지 못했다. JP와 만난 27년을 떠올린다는 것은 쉽지 않았다.

세상에 알려진 JP와, 내가 만난 JP는 너무 괴리가 컸다. 세상은 특히 언론에 노출된 JP는 정치 공학적 프레임에 일그러져 왜곡된 모습이 많았다. JP는 대한민국 대권 주자 중 한 명이다. 누군가는 있는 그대로의 JP를 말해줄 필요도 있다고 생각했다.

왜 이렇게 사람들은 JP를 잘못 이해하고 있을까? 여기서부터 이 글은 시작되었다. JP는 알려졌다시피 모래시계 검사로 이름을 알리며 정치에 들어섰다. 야당 생활을 통해 이른바 DJ 저격수로도 이름을 날렸다.

DJ 저격수가 JP의 부정적 이미지의 발원지로 보인다. DJ는 호남이 낳은 걸출한 정치인으로 지금까지 정신적 지주로 남아있다. 그런 그를 공격했다. 지난 대선 과정에서 온갖 부정적 프레임을 덮어썼다. 나중에야 '드루킹'이라는 댓글 조작이 밝혀졌지만, 이미 콕 박힌 이미지는 쉽게 벗어날 수가 없었다.

이런 과정을 지켜보면서 언젠가는 이 실상을 제대로 알리고 싶다는 생각을 끊임없이 했다. 이 글은 어디서부터 써야 하는가? 어디서부터 풀어야 하는가? 오히려 이 글이 짐이 되는 상황을 초래하지는 않을까? 상념에 상념을 거듭하면서 이 작업을 망설였다.

그러던 중 지인들이 등을 떠밀었다. 오랫동안 옆에서 지켜본 만큼 있는 그대로의 모습을 보여줄 필요도 있다고 응원했다.

"있는 대로 문장을 써 봐. 네가 알고 있는 사실들을 그대로 써. 우선 써 봐. 고민하지 말고 시작해."

'시작'이라는 마법의 단어가 또다시 힘을 발휘했다. 물론 내가 생각하는 것만큼 세상 사람들은 JP에 대해 그렇게 관심이 없을 수도 있다. 모든 사람이 JP를 좋아해 줄 필요도 없다. 그러나 있는 그대로 봐주길 바라는 마음에서 시작했다.

막상 쓰다 보니 JP도 평범한 사람들과 별반 큰 차이 없는 인생인 것 같다. 인생에 굴곡이 있듯 파고가 높은 인생을 견디며 지금의 자리까지 노력해온 것이다. 어려움을 당하면 '이 또한 지나가리라'라고 외치면서 견뎠고, 스스로 불완전함을 알면서 완전을 향해 한 발씩 걸었다.

세상엔 '변하지 않는 것은 없다'는 법칙만이 유일하게 변하지 않는다는 말이 있다. 이번 글을 쓰며 지난 시간을 되짚다 보니 JP에게 덧씌워진 부정적 프레임도 변할 것이라는 믿음이 생겼다.

사실에 기초한 것들을 정리하면서 JP의 인간적 모습과 그의 정치적 판단의 순간 가졌던 내적 갈등, 결정의 이유 등을 가감 없이 정리했다.

이제 새로운 출발을 위한 또 다른 결단의 순간이 다가오고 있다는 느낌이다. JP는 자신의 마지막 꿈은 '미래 세대가 더 좋은 나라에서 살기를 바라고 그것을 불가능하게 만드는 장애물을 제거해주는 것'이라고 말한다. 이제 JP가 변방을 넘어 새로운 꿈을 향해 나아가길 기원한다.